>> CRATÈRE
Le volcan Kilauea, sur la grande île d'Hawaii, est en éruption depuis 1983. Il occupe une superficie de 1 500 km².

« *Pour que les enfants puissent devenir des citoyens pleinement responsables et acteurs de leur environnement, il est nécessaire de leur transmettre les clés pour mieux comprendre le monde vivant qui les entoure.* »

Nicolas Hulot

Directrice de collection : Nassera Zaïd
Directeur de projet : Fabrice Le Jean
Direction artistique : Nicolas Galy pour Rémi Madec Conseil
Édition : Géraldine Ségaud
Illustration : Nicolas Ryser
Infographie : Christophe Chalier
Iconographie : Véronique Lily Brown
Fabrication : Laurence Ledru

Sommaire

>> À LA DÉCOUVERTE DES VOLCANS

Les volcans : montagnes vivantes	10
Les mouvements de la Terre	12
Les éruptions volcaniques	16
Les différents types d'éruptions	18
Les risques volcaniques	24
Les paysages insolites nés des volcans	30
La pierre volcanique façonnée par l'homme	32

>> LA NATURE ET LES HOMMES

Les bienfaits de volcans	34
La colère des dieux	41
Comment étudie-t-on les volcans ?	44
Les volcanologues célèbres	48
Italie : les insouciants du Vésuve	50

Ushuaïa Junior

VOLCANS : *les battements de la Terre*

Agnès Fernandez et Nassera Zaïd

Japon : vivre sur la ceinture de feu en toute sécurité 52

Comment se protéger des volcans ? 54

>> UN DÉFI POUR LA TERRE

La géothermie, une énergie renouvelable puisée dans les entrailles de la Terre 58

Pollution et conséquences sur le climat 60

Glossaire 62

Archipel d'Hawaii, dans le Pacifique. La coulée de lave en fusion (1 200 °C) sur le volcan Halemaumau détruira tout sur son passage.

Le volcan de l'île Blanche, en Nouvelle-Zélande, est né de la rencontre de deux plaques tectoniques qui a provoqué le soulèvement des roches.

Au cœur des océans, les volcans encore submergés peuvent entrer violemment en éruption et exploser comme une puissante bombe.

Bora Bora, en Polynésie française. L'atoll de l'île est formé d'un volcan éteint entouré par un lagon. Le mont Otemanu en est le haut sommet (727 m).

Archipel d'Hawaii.
Une fois solidifiées, les coulées de lave forment des plis pouvant ressembler à un tissu froissé ou à un amas de cordes.

Shiga Kogen, dans le Parc national de Joshinetsu, au Japon. Ce haut plateau est constitué de coulées de lave provenant du mont Shiga dotées de sources d'eau chaude. Lorsque la température chute en dessous de 0 °C, les singes macaques s'y baignent pour se réchauffer.

À LA DÉCOUVERTE DES VOLCANS

Les volcans :

COMMENT SE RÉPARTISSENT LES VOLCANS SUR LA PLANÈTE ?
Les 10 000 volcans dénombrés sur les continents se répartissent irrégulièrement sur seulement 3 % de la surface du globe. On les retrouve en bordure des sept plaques lithosphériques : nord-américaine, sud-américaine, africaine, eurasiatique, australienne, antarctique et surtout pacifique, à l'origine de la ceinture de feu, là où les volcans sont les plus nombreux. 1 500 d'entre eux ont été actifs au cours des 10 000 dernières années et une centaine sont actuellement considérés comme dangereux et font l'objet d'une surveillance accrue des scientifiques.

Arc volcanique continental

Stratovolcan typique dû au volcanisme de subduction

Volcan récent à l'aplomb du point chaud

Ancien volcan érodé

Point chaud

Remontée de magma due à la fusion partielle de la lithosphère océanique

Subduction : la lithosphère océanique, plus lourde, plonge sous la lithosphère continentale

Cellule de convection

10 Ushuaïa Junior >> Volcans

montagnes vivantes

Les volcans sont plus de 10 000 à être visibles sur la terre ferme et beaucoup plus nombreux sous les océans. Presque tout le fond des mers est recouvert de lave durcie. À force de grandir, certains atteignent la surface et forment des îles souvent perdues au milieu des océans. Fascinants et effrayants pour les hommes, les volcans sont des montagnes vivantes. Et les tremblements de terre et les éruptions volcaniques sont autant de manifestations de leur activité. Comme un être humain, un volcan vit, à un rythme géologique de millions, voire de milliards d'années, puis meurt. Mais attention, certains volcans inactifs sont tout simplement endormis, on les dit « éteints » parce que leur lave s'est solidifiée à l'intérieur de leur cheminée, comme les volcans du Puy-de-Dôme, en France, mais personne ne peut savoir vraiment à quel moment ils peuvent se réveiller.

Le mont Saint Helens, aux États-Unis, s'est subitement réveillé en 1980. Une énorme explosion, égale à 55 bombes atomiques, a décapité le sommet de son cratère jusqu'à lui faire perdre 430 m de hauteur d'un seul coup. L'éruption violente et brûlante était composée de gaz, de poussières volcaniques et de lave qui ont dévalé la pente à 1 000 km/heure, balayant tout au passage jusqu'à 30 km du cratère.

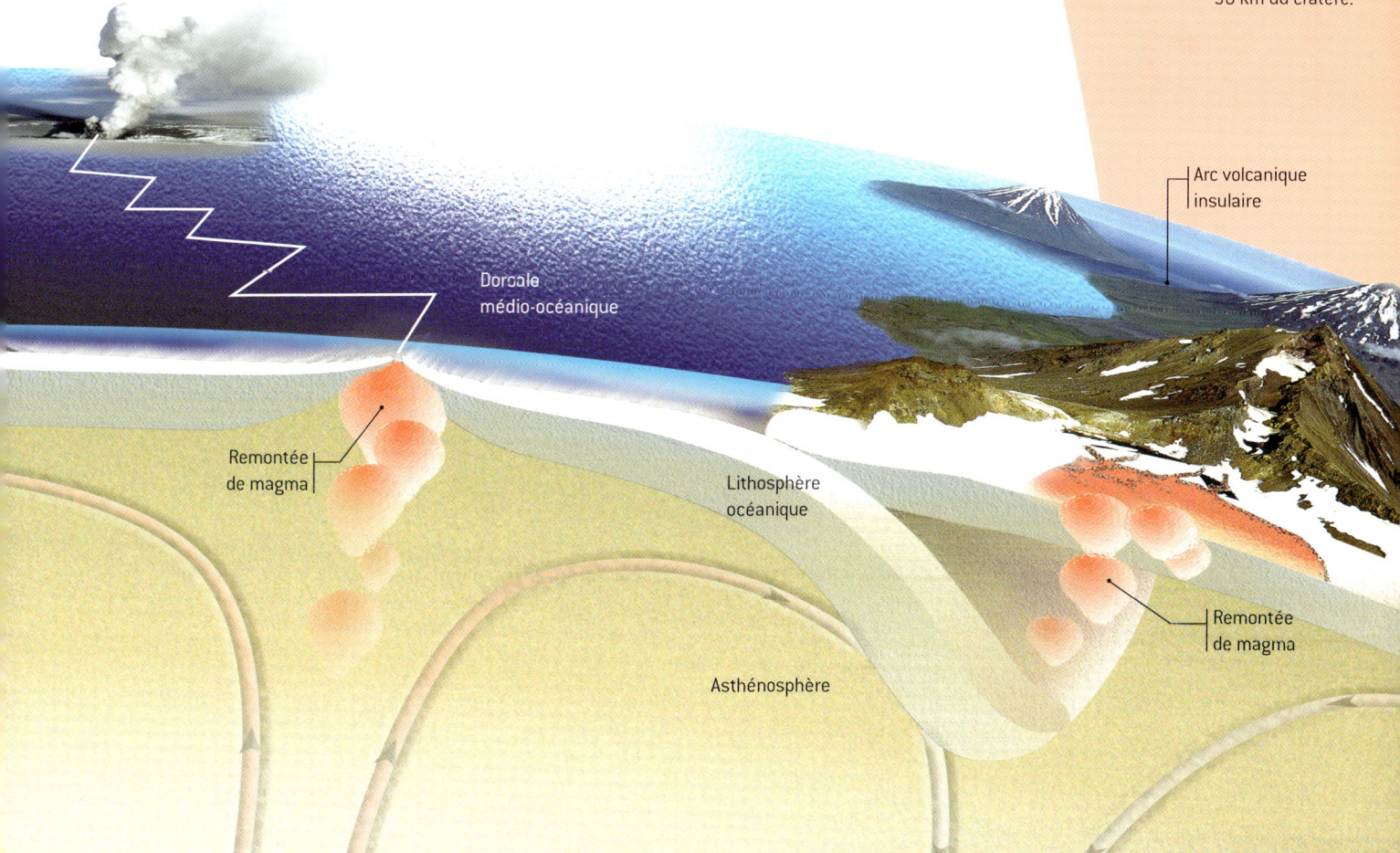

À LA DÉCOUVERTE DES VOLCANS

Les mouvements

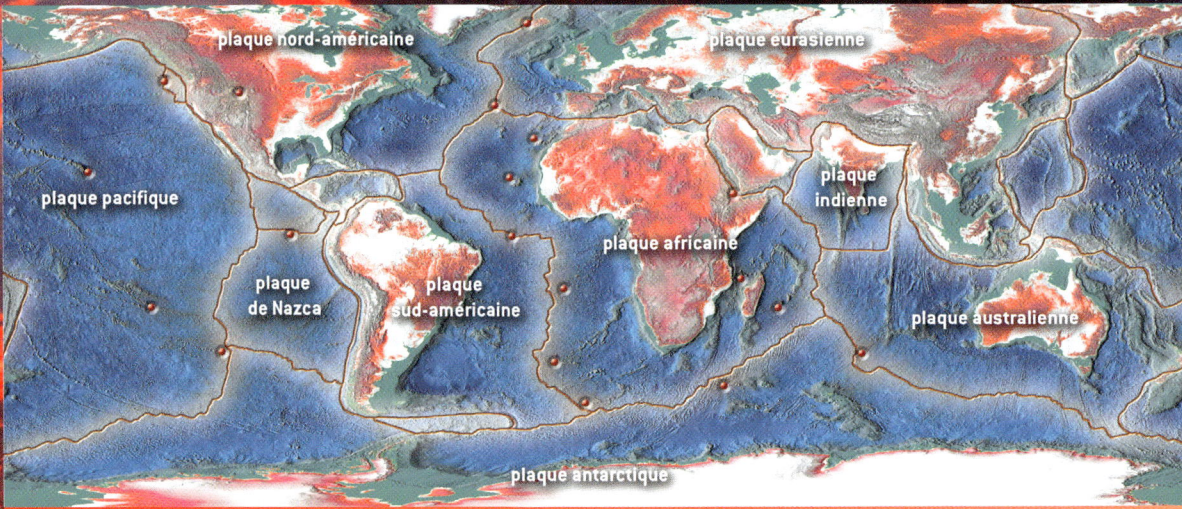

LA VALSE DES PLAQUES TECTONIQUES

L'écorce de la Terre est constituée de grands fragments qui bougent les uns par rapport aux autres, un peu comme les plaques de glace d'une banquise. Ils mesurent plusieurs milliers de kilomètres de largeur, une centaine de mètres d'épaisseur, et sont formés de la croûte terrestre et de la partie supérieure du manteau. Ces plaques flottent sur l'asthénosphère et bougent les unes par rapport aux autres de quelques centimètres par an, en entraînant les continents (lire aussi page 28).

Le saviez-vous ?

Les tremblements de terre, tout comme les tsunamis, surviennent lorsqu'une plaque heurte une autre plaque. La pression entre deux plaques peut être telle qu'elle soulève des montagnes ! À l'inverse, lorsque deux plaques s'écartent, la terre se fissure, se déchire. Ce phénomène se produit le plus souvent au fond de l'océan et c'est alors l'eau qui s'engouffre dans la faille, mais ces fractures se produisent aussi en surface, en Islande par exemple.

LA TERRE RESSEMBLE À UN ŒUF

Le globe terrestre a une circonférence de 40 000 km, soit un rayon de 6 370 km. Il est constitué de plusieurs couches concentriques, c'est pourquoi on le compare à un œuf (voir schéma). La croûte ①, plutôt mince (10 km d'épaisseur sous les océans, 30 km au niveau des continents et jusqu'à 70 km sous les chaînes de montagne), correspond à la coquille. En dessous, le manteau ②, épais de 2 900 km, serait le blanc de l'œuf. Il est constitué de roches appelées « péridotites » qui se déplacent de quelques centimètres par an selon le phénomène de convection : les roches les plus chaudes remontent vers la surface mais, après s'être refroidies, elles redescendent dans le manteau. Au centre, le noyau ③, de 3 500 km de rayon, peut être comparé au jaune de l'œuf. Il est composé de fer, de nickel et de soufre liquide. Enfin, au centre de la Terre se trouve la graine ④, en fer solide.

Plus on s'enfonce sous la terre, plus la température augmente, de 30 °C par kilomètre en moyenne. C'est pourquoi il fait si chaud au fond des mines. La température du noyau avoisine les 5 000 °C !

de la Terre

UNE CROÛTE, UN NOYAU ET DES PLAQUES...

La Terre semble immobile. Les paysages que nous connaissons, mers ou montagnes, ne changent presque pas. Pourtant, la Terre est née il y a 4,6 milliards d'années et n'a cessé d'évoluer au fil de tout ce temps. La surface du globe a en effet beaucoup changé : des continents se sont disloqués, des océans se sont creusés, des chaînes de montagnes ont surgi... Notre planète s'est formée au rythme de l'activité parfois explosive ou, au contraire, à peine perceptible des volcans. Et tous ces mouvements plus ou moins tumultueux sont à l'origine de la formation des paysages naturels qui nous entourent : les montagnes, les océans, les vallées, les plaines, les falaises... Aucun d'eux n'existerait sans cette activité puissante née dans les entrailles de la Terre.

Focus

D'OÙ VIENT LE MAGMA ?

Les entrailles de la Terre sont constituées de roches en fusion, liquides, qu'on appelle le magma. Elles ne peuvent communiquer avec la surface car l'épaisseur du manteau forme une barrière infranchissable... Sauf à l'endroit des volcans !

La dérive des continents

Il y a 200 millions d'années, à l'époque des dinosaures, la Terre n'était formée que d'un seul continent, la Pangée, et d'un seul océan, la Panthalassa. Quelques millions d'années plus tard, la Pangée s'est disloquée en deux blocs, la Laurasie et le Gondwana, et une nouvelle mer s'est formée, la Téthys. Il y a 120 millions d'années, l'Afrique s'est séparée de l'Amérique du Sud d'un côté, et de l'Inde de l'autre côté. Si l'on découpe une carte du monde, on voit bien que ces continents s'imbriquent parfaitement les uns dans les autres, comme les pièces d'un puzzle...

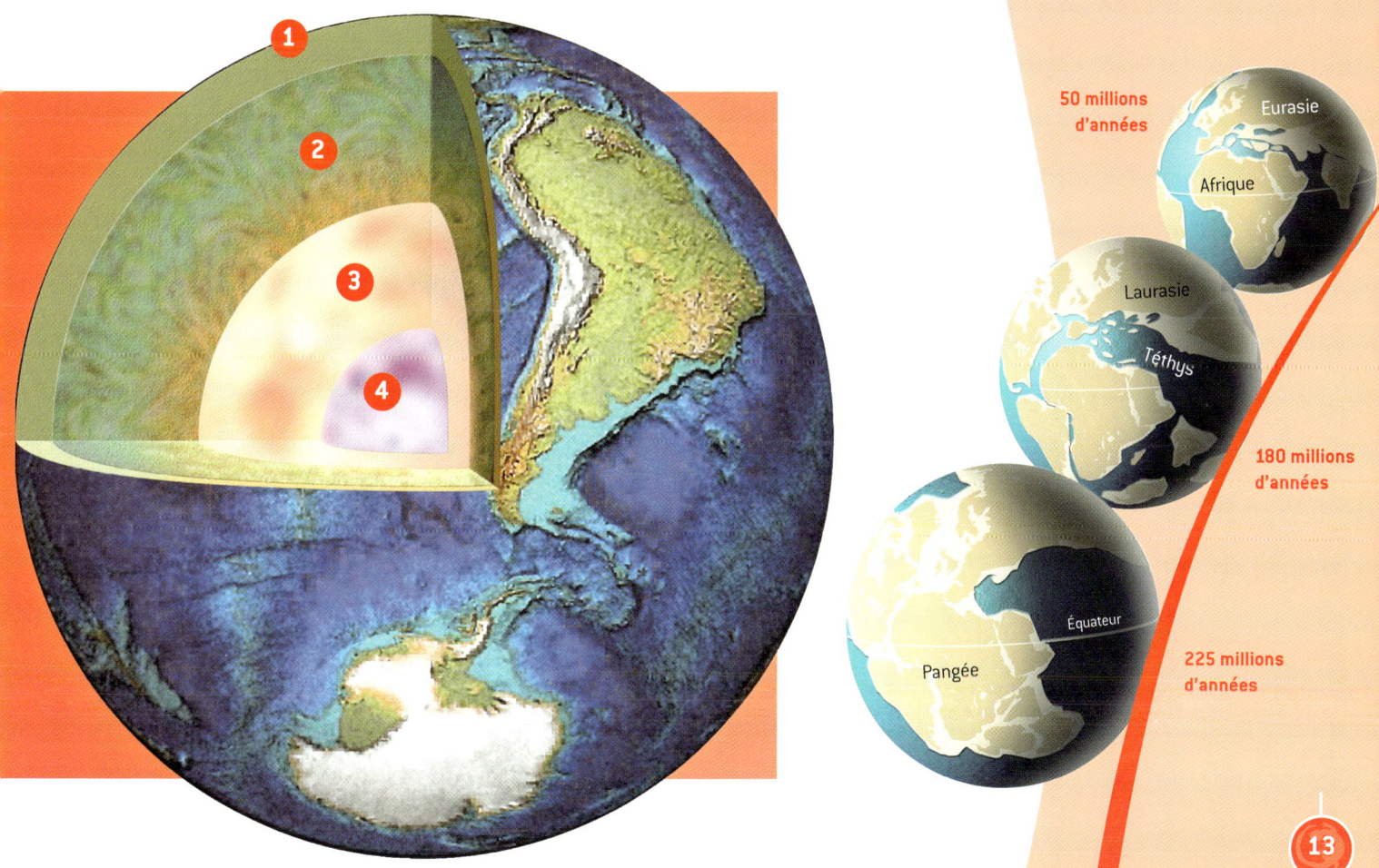

50 millions d'années

180 millions d'années

225 millions d'années

Les mouvements de la Terre

DES FRACTURES AU FOND DES OCÉANS

Au fond des océans, à 4 000 mètres de profondeur, des chaînes de volcans traversent le globe de part en part : ce sont des dorsales océaniques, gigantesques cassures séparant deux plaques.

LES DORSALES SOUS-MARINES

La dorsale médio-océanique traverse l'Atlantique du nord au sud et se poursuit dans les océans Indien et Pacifique sur une longueur totale de 65 000 km. La plaque sur laquelle reposent l'Amérique du Nord et l'Amérique du Sud s'écarte d'environ deux centimètres par an du bloc Eurasie-Afrique qui, lui, dérive vers l'est : c'est ce qu'on appelle le phénomène d'accrétion.

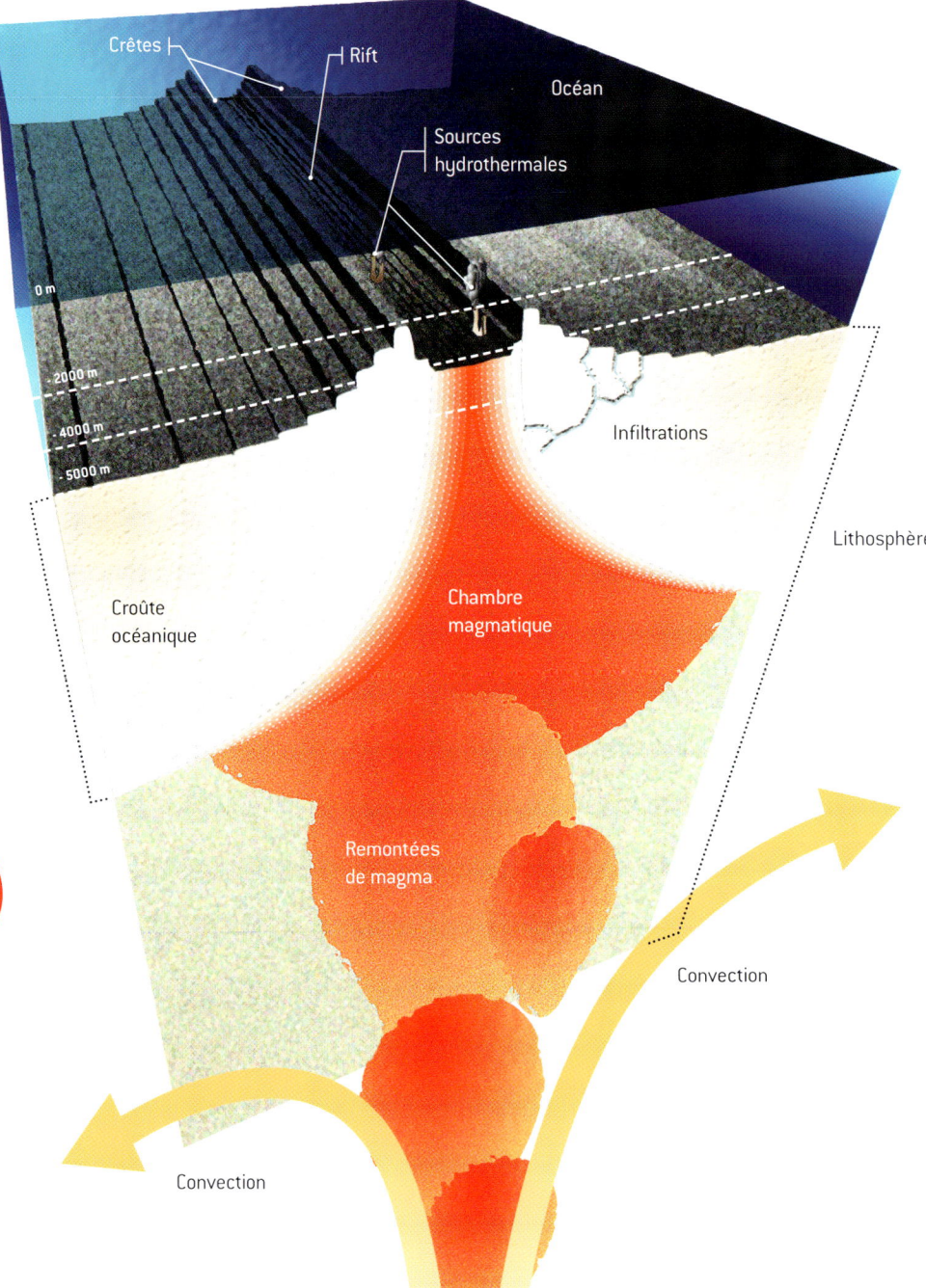

Le magma remonte du manteau terrestre par la fissure et se solidifie sous forme de basalte. Cela forme des *pillows-lavas*, qu'on peut traduire par « oreillers de lave ».

ILS VIVENT EN MILIEU TRÈS HOSTILE !

En 1977, lors de l'exploration de la dorsale Est-Pacifique, du côté des îles Galápagos, des géologues américains ont découvert qu'à 2 500 m de profondeur, dans une obscurité totale et sous une pression d'eau colossale, toute une vie sous-marine s'était développée. Dans cet univers hostile qu'on croyait désert, des bactéries, des vers géants, des crustacés et des poissons vivent autour des fumeurs noirs. C'est la preuve que l'activité volcanique et l'eau suffisent au développement de la vie.

Le saviez-vous ?

Les fumeurs noirs sont des émissions sous-marines de vapeur. On distingue les fumeurs blancs, d'une température de 160 °C à 300 °C, et les fumeurs noirs, de 400 °C.

Quand le magma remonte en très grande quantité, le volcan sous-marin grandit, grossit, jusqu'à émerger des flots et former une île océanique : c'est ce qu'on appelle un point chaud.

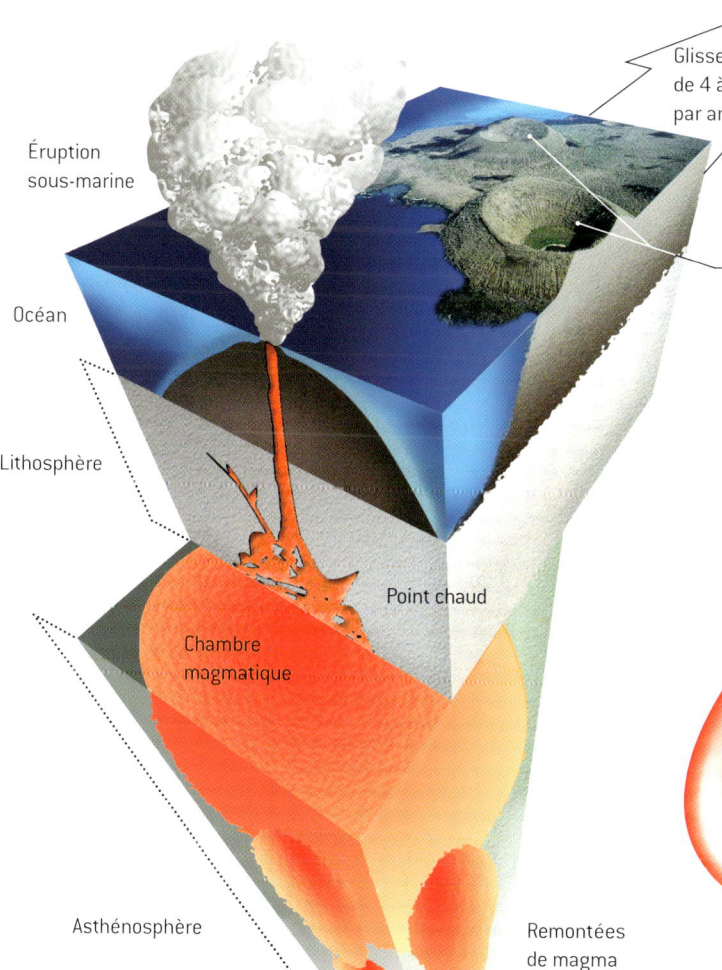

Éruption sous-marine
Océan
Lithosphère
Chambre magmatique
Asthénosphère
Point chaud
Remontées de magma
Glissement de 4 à 15 cm par an
Volcans précédemment positionnés au-dessus du point chaud

Les Galápagos sont des îles volcaniques émergeant à plus de 1 000 km au large de l'Équateur. Situées entre trois grandes plaques tectoniques, Nazca, Cocos et Pacifique, ces îles reposent sur un plancher océanique situé entre 360 et 900 m de profondeur.

Le saviez-vous ?

À l'est de l'Afrique, les rifts d'Aden et de la mer Rouge sont des failles profondes qui déchirent la terre. Une partie de la plaque s'est découpée au point que l'actuelle Arabie s'écarte du continent africain. Lorsqu'elle sera complètement détachée, un nouvel océan naîtra entre la plaque africaine et la plaque arabique. Un nouvel océan au sens géologique du terme, c'est-à-dire que les deux plaques continentales seront séparées par une portion de plaque océanique et que celle-ci sera en extension, continuant d'écarter les deux plaques continentales.

À LA DÉCOUVERTE DES VOLCANS

Les éruptions

VOLCANS GRIS
Les **volcans éruptifs** se distinguent par la violence de leurs explosions. Ils libèrent des « tephra », c'est-à-dire, en plus du magma, des roches solides brûlantes, de la lave

Le Kilauea, à Hawaï, est le volcan le plus actif du monde. C'est un volcan rouge.

volcaniques

L'éruption d'un volcan correspond à l'arrivée du magma à la surface de la croûte terrestre. Les volcans ont des caractères différents et ne s'expriment pas de la même façon lorsqu'ils sont en éruption. Certains, plutôt calmes, laissent se répandre sur leurs flancs des coulées de laves rougeoyantes, tandis que d'autres, plus violents et imprévisibles, crachent des bombes et des cendres. Malgré cette diversité de réactions, les volcans sont classés en deux catégories : effusifs ou éruptifs, ou rouge ou gris, mais la plupart sont les deux à la fois. Ils explosent en même temps qu'ils vomissent des rivières de feu... Il faut noter que leur comportement peut évoluer au cours de leur vie.

Anecdote

« Quand l'Etna est en travail, Il lui pousse alors tout bonnement sur le dos, à un endroit ou à un autre, une espèce de furoncle de la grosseur de Montmartre ; puis le furoncle crève et il en sort un fleuve de lave. »
Alexandre Dumas, *Le Speronare*, 1843

visqueuse, des nuées ardentes qui se déplacent à grande vitesse (500 km/h), des cendres et des gaz. C'est pourquoi on les appelle **les volcans gris**.

VOLCANS ROUGES
Les volcans effusifs sont calmes. Généralement, par une fissure qui s'ouvre sur le flanc de la montagne, s'écoule une « rivière » de lave. Ces volcans expulsent leur magma, débarrassé de ses gaz, en fontaines ou en coulées de lave fluide incandescente s'épanchant à partir de plusieurs cheminées, ce qui leur vaut ce nom de **volcans rouges**.

À LA DÉCOUVERTE DES VOLCANS

Les différents types

La lave à l'aspect lisse, ondulant et plissé a pris le nom de *pahoehoe*, ce qui signifie « satiné » en hawaïen.

La lave à l'aspect morcelé, rugueux, hérissé d'aspérités est dénommée *aa* parce que les habitants d'Hawaii poussaient des cris de douleur en les traversant pieds nus.

LES ÉRUPTIONS DE LAVE LIQUIDE

ÉRUPTION HAWAIIENNE

Définie d'après l'étude des volcans d'Hawaii, dans le Pacifique, ce type d'éruptions est caractérisé par des laves, très fluides, d'une couleur rouge intense, s'écoulant sur les flancs de la montagne en de véritables cascades sur de très longues distances ou bouillonnant dans un lac de lave. Nommés « volcans-boucliers » à cause du faible degré de leurs pentes (5 %), surmontées d'un vaste cône surbaissé, les volcans d'Hawaii reposent sur le fond des océans jusqu'à 5 000 mètres de profondeur.

>> Les volcans de type hawaiien connus : le Mauna Loa et le Kilauea, à Hawaii ; le piton de la Fournaise, à l'île de La Réunion ; le Trölladyngja, en Islande ; le Nyiragongo, en République démocratique du Congo.

Le saviez-vous ?

Quand la lave remplit le cratère et s'y installe, elle forme un lac. À la surface, la lave refroidie au contact de l'air forme une carapace solide et sombre. Mais gare ! Cette surface, animée par un mouvement de convection, se déchire en une sorte de grand puzzle qui laisse entrevoir la lave en fusion. Ce phénomène est rare. On ne compte que 5 à 10 lacs de lave sur la Terre. L'un des plus grand est l'Erebus, dans les glaces de l'Antarctique !

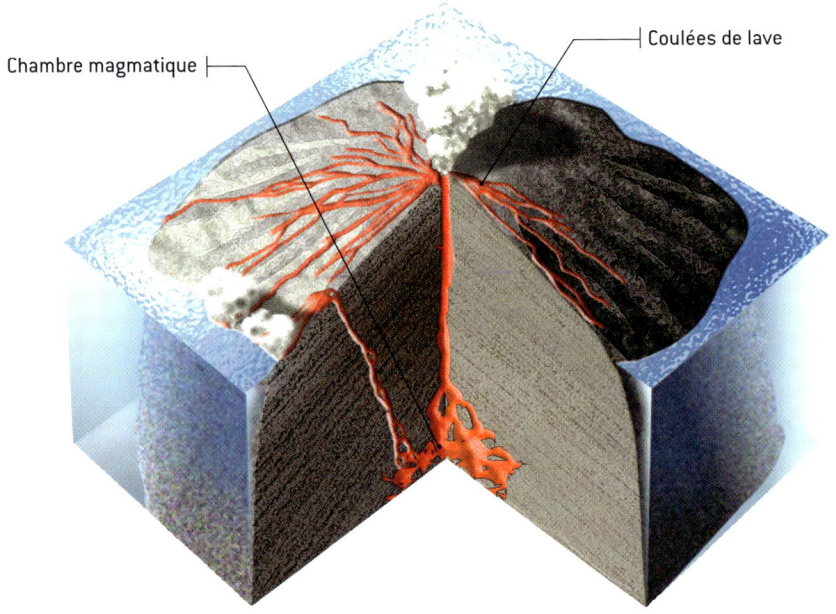

d'éruptions

LE NYIRAGONGO SE VIDE COMME UN LAVABO
Dans la région des Grands Lacs, en Afrique orientale, une chaîne de volcans s'étire d'est en ouest. Parmi eux, le volcan Nyiragongo est célèbre pour la communauté scientifique. Son cratère a longtemps contenu le plus ancien et le plus grand des lacs de lave connus de par le monde, un phénomène géologique rarissime à la surface du globe. Jusqu'en 1977, les habitants de la ville de Goma, construite au pied du volcan, ont vécu avec cette casserole bouillante au-dessus de leurs têtes. Mais cette année-là, une brève éruption a ouvert plusieurs fractures dans les flancs du volcan dont le cratère s'est vidangé comme un vulgaire lavabo. La lave a jailli sous pression et s'est répandue dans la plaine à plus de 60 km/h ! Miraculeusement, les coulées se sont arrêtées aux portes de la cité, mais, dans leur course folle, elles ont rattrapé et tué une soixantaine de riverains en fuite. En 1982, un lac s'est reformé dans le gouffre béant laissé par l'éruption. Au bout de quelques mois, la lave s'est figée au contact de l'air et le lac s'est encroûté, formant un nouveau plancher. En 1994-1995, une nouvelle éruption a encore rehaussé le plancher d'une bonne centaine de mètres.

LES ÉRUPTIONS DE LAVE EXPLOSIVE

ÉRUPTION STROMBOLIENNE

Ce type d'éruptions porte le nom du volcan italien Stromboli, qui est en permanence en éruption. Il s'agit de courtes éruptions – d'une durée de quelques secondes – dues au gaz qui fait bouillonner le magma dans la cheminée du volcan, qui se succèdent comme des spasmes. Elles projettent un petit panache de cendres, de la lave et des bombes volcaniques (des roches incandescentes) à une faible hauteur.

>> Les volcans de type stombolien connus : le Stromboli, en Italie ; l'Etna, en Sicile ; l'Erebus, en Antarctique ; le Banda Api, en Indonésie ; le Sakurajima, au Japon.

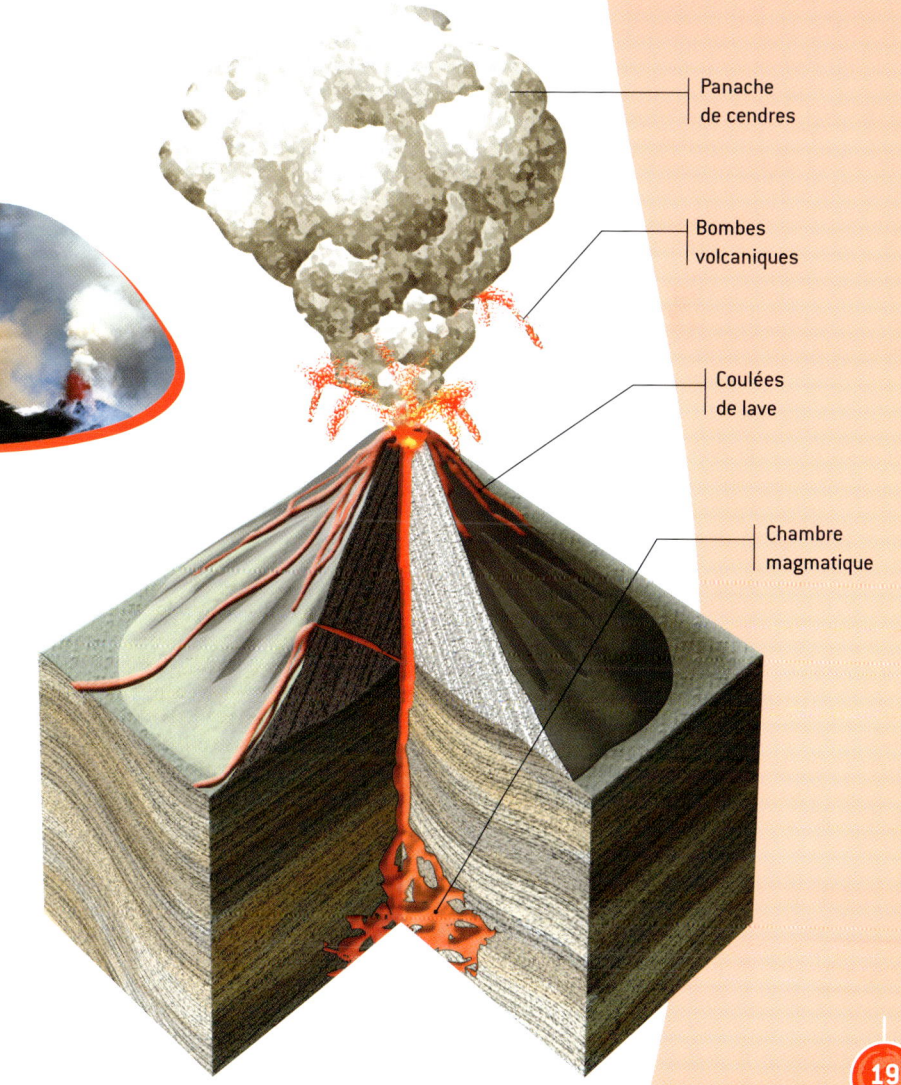

LES ÉRUPTIONS DE LAVE EXPLOSIVE (SUITE)

ÉRUPTION VULCANIENNE

Les éruptions vulcaniennes – du nom du Vulcano, un volcan situé dans les îles Éoliennes, en Italie, non loin du Stromboli – sont des éruptions explosives plus violentes que celles de type strombolien. Les volcans présentant ce type d'éruptions possèdent un magma plus visqueux qui forme un bouchon dans la cheminée. Lorsque la pression du gaz est trop importante, le bouchon explose : c'est l'éruption, qui projette des roches brûlantes et un panache de cendres.

>> Les volcans de type vulcanien connu :
le Vulcano, en Italie ;
le Santa Maria, en Guadeloupe ;
le Semeru, en Indonésie.

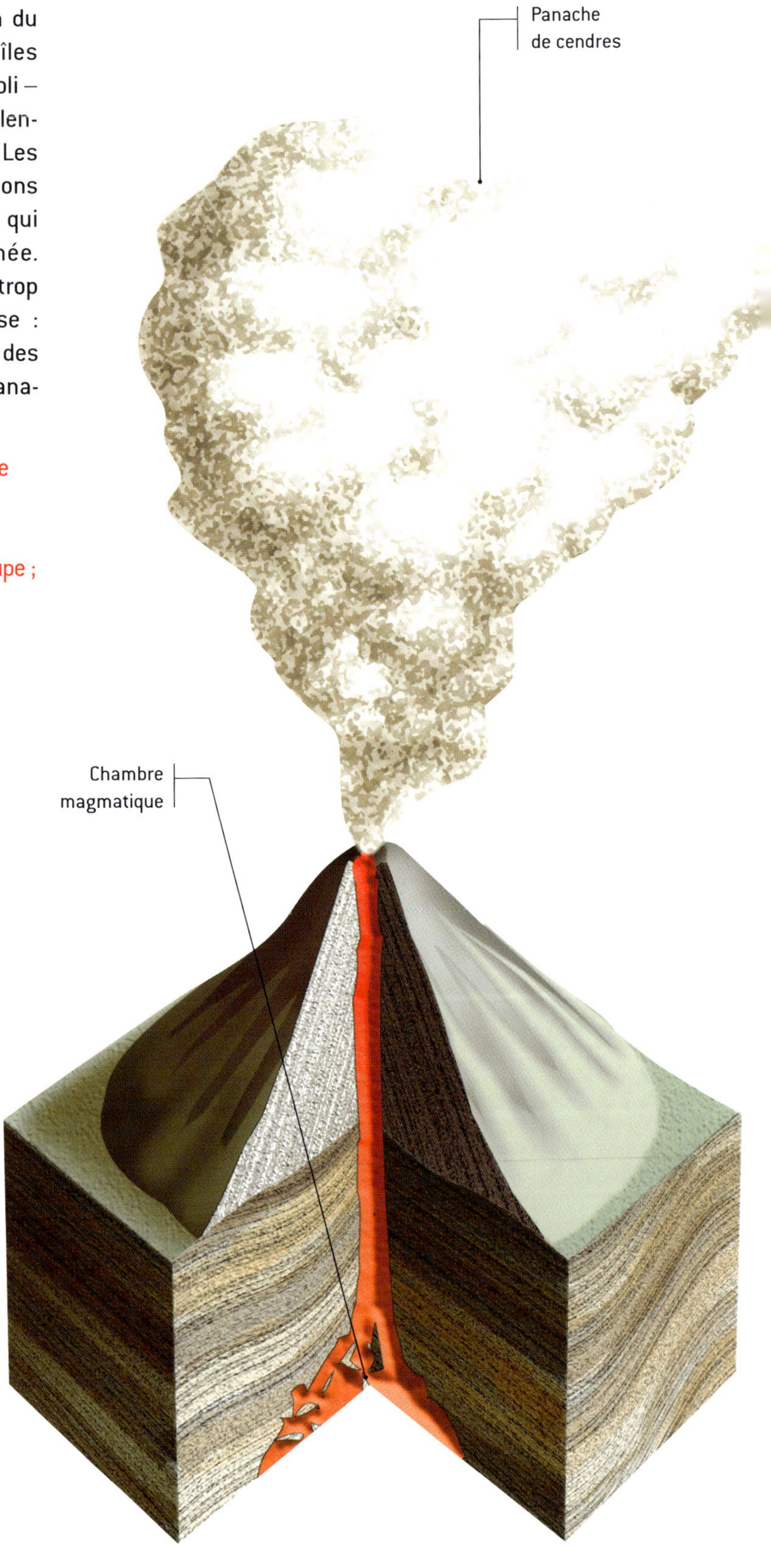

Panache de cendres

Chambre magmatique

KRAKATAU (INDONÉSIE) – UN VOLCAN EXPLOSE, UN « FILS » LUI SUCCÈDE

Le 27 août 1883, le Krakatau explose avec une telle violence qu'il disparaît corps et bien. De la montagne pulvérisée ne reste qu'une immense caldeira aussitôt envahie par la mer. Mais en 1927, le volcan englouti se réveille et une île minuscule surgit au milieu de la caldeira. Tranquille et discrète, elle reste à fleur d'eau jusqu'en 1952, quand une nouvelle explosion la propulse à l'air libre : l'Anak Krakatau (« le Fils de Krakatau ») émerge des flots soixante-neuf ans après la disparition de son volcan de père...

ÉRUPTION PÉLÉENNE

Son appellation vient du type d'éruptions produit par la montagne Pelée, en Martinique. Réputées très dangereuses, voire meurtrières, elles se caractérisent par la production d'une lave visqueuse s'agglutinant pour former des dômes de lave au creux du cratère. Sous la pression du magma, le sommet du volcan peut exploser et propulser des nuées ardentes (mélange de gaz brûlant et de lave incandescente (pierre ponce et lave solidifiée)) dévalant les pentes du volcan à vive allure et des panaches volcaniques.

>> Les volcans de type péléen connus : la montagne Pelée, à la Martinique ; le puy de Dôme, en France (endormi depuis 11 000 ans) ; la Soufrière, à la Guadeloupe ; le Vésuve, en Italie.

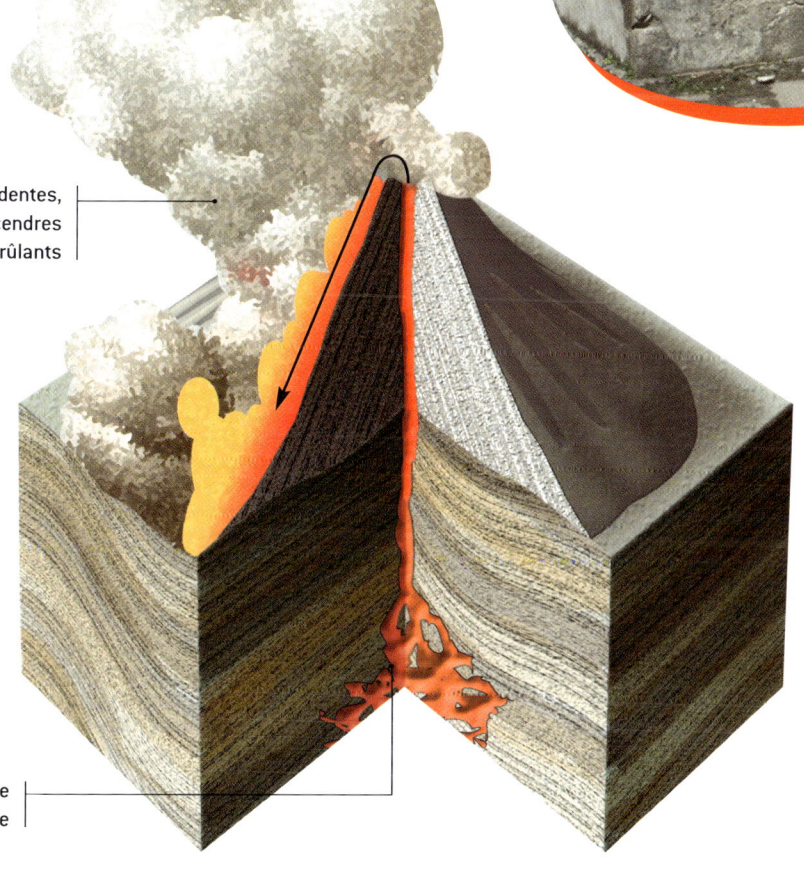

Nuées ardentes, avalanches de cendres et de gaz brûlants

Chambre magmatique

SAUVÉ PAR LE CACHOT !

Louis Cyparis, unique survivant de la terrible explosion de la montagne Pelée, le 8 mai 1902 en Martinique, fut découvert quatre jours après la catastrophe, gravement brûlé mais vivant. Ce prisonnier avait été protégé du souffle meurtrier par les murs de son cachot, dont la minuscule ouverture était orientée à l'opposé du volcan. Il fut ensuite engagé et « montré » pendant plusieurs années par le cirque Barnum comme « le survivant de la cité de la mort ».

LES ÉRUPTIONS DE LAVE EXPLOSIVE (SUITE)

ÉRUPTION PLINIENNE

Le nom de ce type d'éruptions provient de l'explosion du Vésuve en 79 après J.-C., décrite par Pline l'Ancien et Pline le Jeune. Les éruptions pliniennes se produisent au sein des volcans possédant un magma très pâteux, qui forme un bouchon. Extrêmement violentes, elles produisent d'immenses colonnes de gaz, de cendres et de ponces (des pierres volcaniques légères contenant des bulles de gaz) qui peuvent atteindre 50 km de hauteur. Lorsque ces colonnes retombent, les cendres brûlantes couvrent les alentours sur des kilomètres.

>> Les volcans de type plinien connus : le Saint Helens, aux États-Unis ; la Soufrière de Montserrat, aux Antilles ; le Pinatubo, aux Philippines ; le Tambora et le Krakatau, en Indonésie.

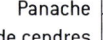

Panache de cendres

Retombées de cendres et de ponces

+ fin   + gros

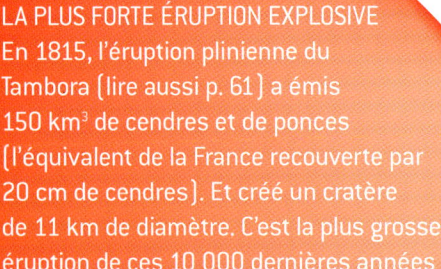

Record

LA PLUS FORTE ÉRUPTION EXPLOSIVE
En 1815, l'éruption plinienne du Tambora (lire aussi p. 61) a émis 150 km^3 de cendres et de ponces (l'équivalent de la France recouverte par 20 cm de cendres). Et créé un cratère de 11 km de diamètre. C'est la plus grosse éruption de ces 10 000 dernières années !

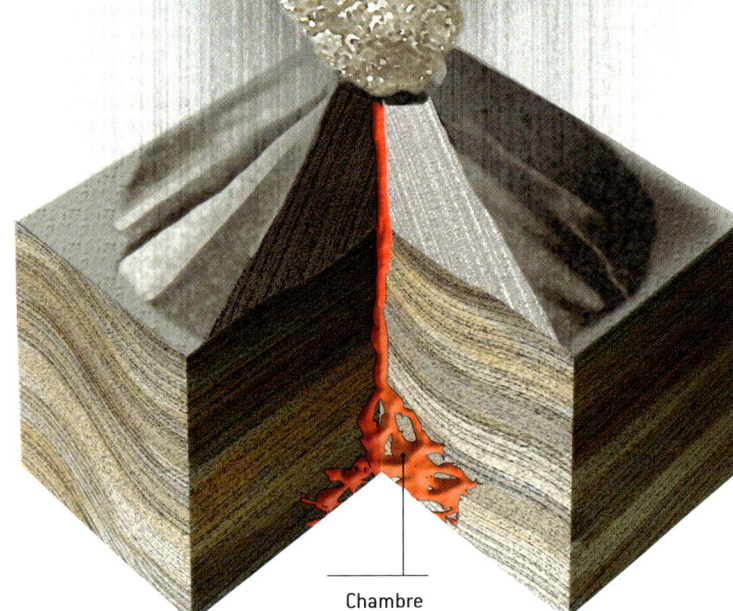

Chambre magmatique

ÉRUPTION SURTSEYENNE

Les éruptions surtseyennes (du nom de l'île de Surtsey, en Islande) sont aussi appelées éruptions phréatiques. Elles se produisent lorsque le magma rencontre une nappe d'eau souterraine, ou chez les volcans situés dans des eaux peu profondes, ou qui possèdent un lac dans leur cratère. Lorsque l'eau entre au contact du magma brûlant dans la cheminée du volcan, elle se transforme brusquement en vapeur, ce qui produit une forte explosion projetant des blocs et des cendres.

>> Les volcans de type surtseyen connus : le Ruapehu, en Nouvelle-Zélande ; le Karthala, aux Comores.

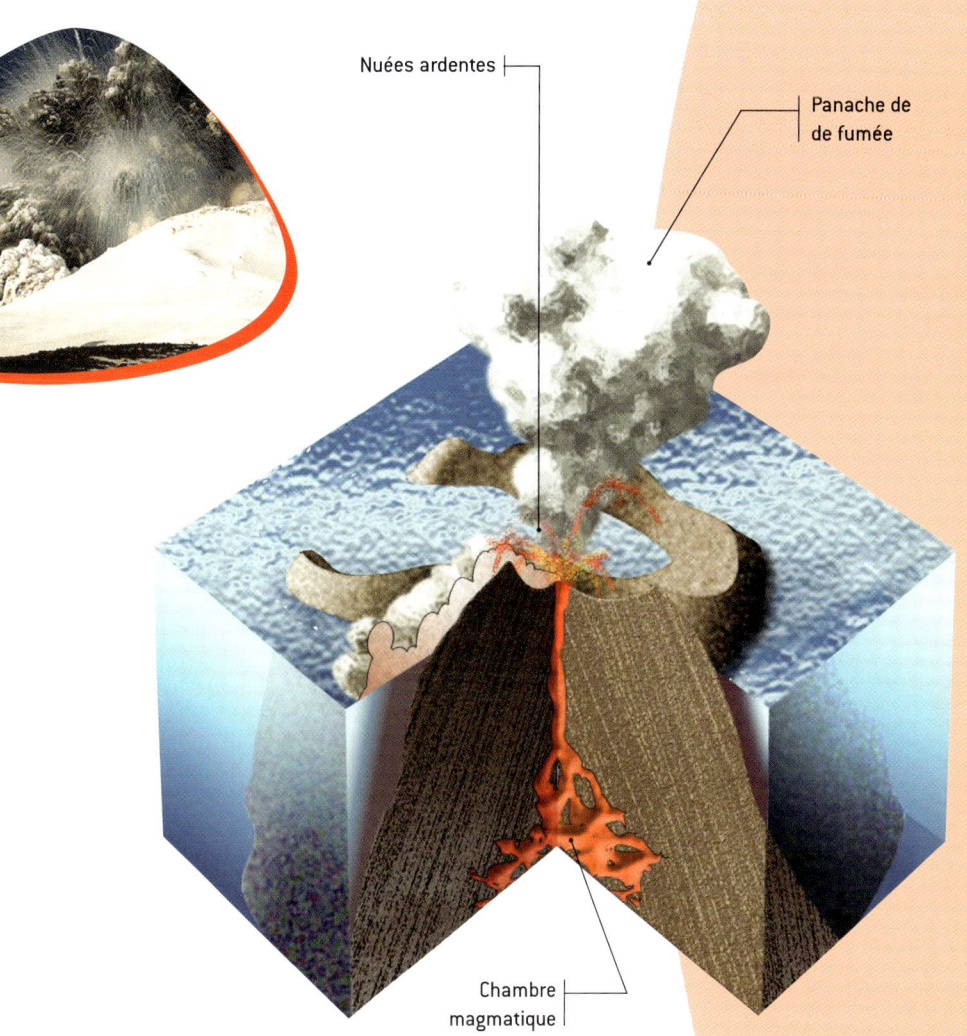

Nuées ardentes
Panache de de fumée
Chambre magmatique

UN VOLCAN GRIS DEVENU ROUGE
Les volcans peuvent changer de type d'éruptions au cours de leur vie. Ainsi, le Vésuve a détruit la ville de Pompéi en 79 après J.-C., en l'ensevelissant sous des nuées de cendres et de ponces : il s'agissait d'une éruption de type plinien. Mais lors de sa plus récente éruption, en 1944, il n'a cette fois émis que de la lave : autrefois volcan gris, il est devenu un volcan rouge.

Les risques

À LA DÉCOUVERTE DES VOLCANS

volcaniques

L'International Association of Volcanology and Chemistry of the Earth's Interior a retenu sept risques volcaniques majeurs : les coulées de lave, les retombées de cendres et de blocs, les écoulements pyroclastiques, les gaz, les lahars, les glissements de terre (avalanches) et les tsunamis. Les quatre premiers sont des risques primaires, les trois suivants des risques secondaires. Chaque éruption volcanique est unique. Dans certains cas, la lave s'écoule en rivières paisibles mais dangereuses, dans d'autres, elle jaillit avec fureur en panaches éruptifs et crache autant de cendres, de gaz et de bombes volcaniques. Elle peut aussi stagner dans des lacs, ou se cacher dans les profondeurs et libérer sans prévenir des nuages de gaz mortels.

1 > DES COULÉES DE LAVE INCANDESCENTE

La lave est un mélange de roche fondue et de cristaux. Son comportement dépend de sa température, de sa composition chimique et de sa teneur en éléments fluides (notamment en silices). Les laves hawaiiennes sont très fluides, c'est pourquoi elles forment des coulées, des cascades, des cataractes. La moindre gouttelette, éjectée par une petite explosion, s'étire en un long filament. Ces filaments sont appelés « cheveux de Pele », la déesse hawaiienne du feu. La vitesse d'écoulement de la lave atteint localement 50 km/h, voire 75 km/h, mais est largement moindre lorsque la coulée est chargée de blocs de lave refroidie.

Plus la lave est gazeuse, plus elle jaillit en fontaine (lave éruptive).

Au contact de l'air et du sol, la lave refroidit et se fige. La lave la plus abondante à la surface de la Terre est le basalte.

Les coulées de lave ne sont pas vraiment un danger pour l'homme car les populations ont en général le temps de s'enfuir, mais elles détruisent les cultures et les constructions rencontrées sur leur passage.

À LA DÉCOUVERTE DES VOLCANS

2 > UN NUAGE DE CENDRES QUI RECOUVRE TOUT DE GRIS

1997, Plymouth, la capitale de l'île de Montserrat, dans les Antilles, est ensevelie sous 2 m de cendres suite à l'éruption de la Soufrière. Depuis, la ville a été désertée par ses habitants.

Anecdote

Le 11 mai 1983, les autorités italiennes ont tenté de détourner une coulée de l'Etna en dynamitant la muraille de lave refroidie qui la canalisait. L'expérience a parfaitement réussi.

Le saviez-vous ?

La pierre ponce est une projection typique des éruptions explosives. Elle est piquetée de petits trous qui correspondent aux bulles de gaz qui se sont figées quand la lave s'est refroidie. C'est une lave poreuse, très légère, qui peut flotter sur l'eau (lire aussi p. 36).

3 > DES RETOMBÉES DE CENDRES ET DE BOMBES

Lorsque le magma arrive en surface, les bulles de gaz éclatent, ce qui projette autour et au-dessus du volcan des fragments de lave partiellement ou totalement consolidés. Leur taille varie de moins de 2 mm de largeur (cendres), entre 2 et 6,4 mm (les « lapilli »), à plusieurs mètres cubes : on parle alors de blocs ou de bombes volcaniques !

4 > DES NUÉES ARDENTES (ÉCOULEMENTS PYROCLASTIQUES)

Les volcans gris emmagasinent des magmas très visqueux qui compriment les gaz et les empêchent de s'échapper. La pression des gaz augmente jusqu'à la libération, soudaine et imprévisible. Comme une cocotte-minute dont on empêcherait la soupape de sécurité de fonctionner, le volcan explose brutalement en un panache brûlant. Une partie de ce panache ne s'élève pas dans l'air mais dévale les pentes du volcan à grande vitesse (de 200 à 500 km/h !), détruisant tout sur son passage. Ce phénomène est appelé « nuée ardente ». Les spécialistes, eux, parlent de coulée pyroclastique (*pyro* vient du grec et signifie « le feu »).

Anecdote

Le 8 mai 1902, jour de l'éruption de la montagne Pelée en Martinique, 16 navires sont détruits dans la baie de Saint-Pierre, atteints par les nuées ardentes qui dévalent les pentes du volcan. Un seul, le *Roddam*, réussit, en feu, à quitter l'île.

À LA DÉCOUVERTE DES VOLCANS

5 > DES LAHARS, DÉFERLANTES DE BOUE

Ces fleuves de boue représentent un danger majeur. Lorsque des pluies diluviennes s'abattent sur un volcan aux pentes recouvertes de cendres instables, un mélange de boue chargée de roches avance, telle une coulée de ciment frais, et engloutit maisons, voitures, ponts... Les lahars peuvent couvrir des centaines de kilomètres en quelques heures.

π Record

Le 13 novembre 1985, en Colombie, des coulées provoquées par la fonte partielle de la calotte de glace du volcan Nevado del Ruiz anéantirent la ville d'Armero, située à 47 km de là, tuant 25 000 personnes (lire aussi page 57).

6 > DES GAZ INSIDIEUX QUI PEUVENT ÊTRE MORTELS

Toute éruption volcanique s'accompagne d'émissions de gaz, à plus ou moins haute température, avant, pendant et après l'éruption. Elles viennent essentiellement du cratère du volcan mais aussi des fissures, sous forme de fumerolles. La vapeur d'eau est toujours le gaz le plus abondant (50 à 90 %), suivie du gaz carbonique et du dioxyde de soufre (lire aussi p. 60-61). Ce sont ces gaz qui rendent possible la montée du magma à la surface et déterminent le type d'éruption.

Le saviez-vous ?

Le 21 août 1986, au Cameroun, le lac Nyos, situé dans un cratère volcanique, laisse échapper un épais nuage de gaz carbonique, un gaz mortel à forte dose. 1 746 personnes et un nombreux bétail succombent à ces effluves.

7 > DES AVALANCHES ET DES GLISSEMENTS DE TERRAIN

Le 18 mai 1980, à 8 h 32, le flanc nord du mont Saint Helens est déstabilisé par un fort séisme. Il s'effondre en une gigantesque avalanche de roches et de glace, suivie d'un souffle brûlant de cendres et de gaz qui atteint la vitesse de 1 100 km/h ! Le panache éruptif s'élève à 27 km d'altitude en l'espace d'une demi-heure. Puis des lahars provoqués par la fonte des glaces dévalent les pentes du volcan, ravageant tout le nord de la région. Des cendres retombent même à 1 500 km à l'est du volcan. L'éruption dure neuf heures ! L'effondrement et l'explosion ont décapité le volcan et éventré son flanc nord, devenu un trou béant.

Le saviez-vous ?

Devant l'imminence de l'éruption du mont Saint Helens, les scientifiques ont obtenu des autorités l'évacuation de 20 000 personnes dans un rayon de 30 km autour du volcan, limitant ainsi le nombre des victimes à une soixantaine.

À LA DÉCOUVERTE DES VOLCANS

Les paysages

SHIPROCK
Cet imposant rocher, sacré pour les Indiens Navajos, se trouve au Nouveau-Mexique, aux États-Unis. Il résulte d'une éruption qui s'est produite il y a 30 millions d'années. Après l'explosion, le magma s'est refroidi et solidifié dans la cheminée du volcan. Durant les millions d'années qui ont suivi, l'érosion a abaissé la surface du sol, et la colonne de basalte est apparue progressivement : aujourd'hui, elle mesure 500 m de hauteur. Autour du Shiprock, des franges de basalte (les « dikes »), sont d'anciennes fissures dans les parois du volcan disparu.

LES CHEMINÉES DE FÉES EN TURQUIE
La Cappadoce est une région de la Turquie qui fut longtemps volcanique. Les matériaux projetés par les éruptions entre − 10 millions et − 2 millions d'années avant notre ère constituent son sol actuel. Ainsi, au fil des siècles, les cendres et les boues ont formé une couche de pierre très tendre, le tuff, recouverte d'une croûte solide de lave basaltique. Plus tard, le gel a lézardé la couche de basalte. L'eau et le vent ont alors peu à peu désagrégé la pierre tendre. Seuls quelques blocs de tuff plus dur ont résisté, formant des cônes coiffés d'un chapeau de basalte. Mais ces édifices demeurent fragiles : l'érosion amincit chaque année un peu plus le pied de ces étranges champignons.

insolites nés des volcans

Lorsque la lave refroidit, elle se solidifie en une pierre dure, appelée le basalte. Érodées par le vent, la pluie ou le gel, les roches basaltiques peuvent prendre des formes étranges. Des milliers d'années plus tard, ces spectaculaires sculptures minérales rappellent l'ancienne activité volcanique de la région.

LA CHAUSSÉE DES GÉANTS EN IRLANDE DU NORD

Sur la côte nord de l'Irlande se trouve une formation rocheuse spectaculaire : la Chaussée des Géants est formée d'environ 40 000 colonnes de basalte, dont beaucoup sont parfaitement hexagonales. Les plus hautes atteignent près de 12 m de hauteur ! Elles semblent construire un immense escalier qui s'enfonce dans la mer. Selon la légende, un géant, Finn Mac Cool, aurait bâti cette chaussée pour se rendre en Écosse. En réalité, elle résulte d'un phénomène géologique : comme tous les autres orgues volcaniques, elle s'est formée lorsque l'immense coulée de lave, émise par un volcan il y a 50 à 60 millions d'années, s'est fissurée en refroidissant. L'érosion due à l'eau et au vent a parfait le travail.

PHANTOM SHIP

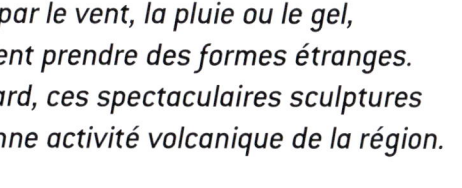

L'île de Phantom Ship (« le vaisseau fantôme ») émerge des eaux du Crater Lake, un lac situé au sommet d'un ancien volcan, le mont Mazama, aux États-Unis. Il y a 7 700 ans, le Mazama a connu une éruption très violente et s'est effondré sur lui-même, formant un immense cratère de 56 km² entouré de hautes parois de lave. Lorsque l'activité volcanique a cessé quelques siècles plus tard, les eaux de pluie et de fonte des neiges ont peu a peu rempli le cratère et créé le lac.

COLONNES DE BASALTE

Dans plusieurs régions du monde ayant un passé volcanique, on rencontre de tels assemblages de colonnes de basalte, qui forment de véritables orgues. Ces formations rocheuses particulières sont l'œuvre des volcans : lorsqu'une coulée de lave fluide refroidit lentement, elle se contracte et se fissure en formant des colonnes souvent en forme de prismes réguliers à quatre faces ou plus.

À LA DÉCOUVERTE DES VOLCANS

LES *MOAI* DE L'ÎLE DE PÂQUES
L'Île de Pâques est une île volcanique située au milieu de l'océan Pacifique, à 3 800 km des côtes du Chili. Le peuple Râpa Nui y a élevé d'immenses statues de pierre, les *moai*. Ces blocs de basalte étaient sculptés dans les flancs du volcan Rano Raraku, puis roulés sur des troncs d'arbres jusqu'à leur emplacement. Mais à partir du XIVe siècle, la civilisation Râpa Nui décline : on pense qu'à force d'ériger des statues les différentes tribus ont déboisé l'île et causé une catastrophe naturelle. Aujourd'hui, l'île de Pâques est une terre aride où se dressent environ 900 dieux de pierre.

CATHÉDRALE DE CLERMONT-FERRAND, EN FRANCE
Le Massif central, en France, est un massif volcanique dont les derniers volcans se sont éteints il y a 7 000 ans. La roche de cette région est une pierre de couleur grise (car elle contient plus de cristaux de silice que le basalte qui, lui, est de couleur noire), très dure, appelée trachyandésite ou pierre de Volvic. Exploitée depuis le XIIe siècle, elle a servi à construire de nombreux bâtiments aux alentours, comme la cathédrale de la ville de Clermont-Ferrand.

La pierre volcanique façonnée par l'homme

Pour construire des temples, des habitations, des statues, les hommes utilisent la pierre qui se trouve dans leur région. Dans les zones volcaniques (que les volcans soient désormais éteints, comme en France, ou encore en activité, comme en Indonésie), l'homme a donc exploité la dure pierre volcanique pour bâtir des monuments qui ont résisté au temps.

LES ÉGLISES DE LALIBELA, EN ÉTHIOPIE

Au XIIe et au XIIIe siècle, la religion chrétienne s'étend en Éthiopie : un peu partout, des églises se construisent. Au centre du pays, le roi Lalibela, qui donna son nom au site, fit ainsi bâtir 11 églises monolithiques, directement taillées dans la roche (de la roche volcanique rouge en surface, et du basalte en profondeur) : des tranchées sont creusées dans le sol pour isoler un énorme bloc de pierre, dans lequel est sculpté le monument en forme de croix. Enfouies dans leur cavité, les 11 églises de Lalibela sont reliées entre elles par un dédale de galeries souterraines, qui étaient autrefois empruntées par les prêtres.

LES BAIGNOIRES DES MACAQUES JAPONAIS

Le Japon possède de nombreux volcans. Certains sont éteints tandis que d'autres, comme le mont Asama, près de la ville de Nagano, menacent encore de se réveiller. Dans la région se trouvent de nombreuses sources chaudes dues à cette activité volcanique : l'eau qui s'infiltre dans les roches se réchauffe et se charge de soufre avant de remonter à la surface en bouillonnant. Les Japonais utilisent cette eau aux vertus curatives dans des spas et des bains. Mais les premiers à profiter des sources chaudes sont les macaques, qui se baignent avec délice dans les bassins naturels creusés par l'eau.

LE TEMPLE DE BOROBUDUR, SUR L'ÎLE DE JAVA

Sur l'île de Java, en Indonésie, se trouve un grand temple bouddhiste : le temple de Borobudur. Sa construction, au IXe siècle, a duré 75 ans ! C'est un véritable chef-d'œuvre, composé de terrasses superposées décorées de fresques de pierre et de statues de Bouddha. Le temple est entièrement réalisé en basalte, car l'île de Java est volcanique. Il s'y trouve notamment le Merapi, l'un des plus dangereux volcans au monde. En mai 2006, le Merapi a connu une violente éruption qui a causé de nombreux dégâts et a endommagé un autre temple de la région, le temple de Prambanan. Mais celui de Borobudur a été épargné.

Les bienfaits

LE VOLCAN TUE UNE FOIS PAR SIÈCLE, MAIS IL NOURRIT TOUS LES JOURS

Si 500 millions de personnes s'entêtent à vivre au pied des volcans actifs, ce n'est pas par goût du risque mais parce que c'est là qu'on trouve les terres les plus fertiles. Les cendres volcaniques sont riches en sels minéraux (potasse, chaux, phosphore, magnésium, soufre...) très facilement assimilables par la végétation. Chaque éruption en rejette des millions de mètres cubes. Pour les paysans, c'est un engrais gratuit tombé du ciel qui ruisselle sur les sols via les eaux de pluie et arrose les champs. C'est ce qui permet aux paysans indonésiens d'obtenir deux ou trois récoltes de riz par an et donc de nourrir une population toujours plus nombreuse.

À Java, par exemple, l'une des îles les plus fertiles de la Terre, riz, thé, café, canne à sucre et tabac poussent abondamment au pied des 42 volcans. Et même si ces derniers font environ 200 victimes par an, les agriculteurs locaux nourrissent 100 millions de Javanais. C'est une des régions où l'on trouve les plus fortes densités de population au monde : près de 900 habitants au kilomètre carré !

des volcans

On trouve également sur les pentes de volcans de zones froides des orchidées ou des végétaux qui poussent habituellement sous les tropiques. Les pollens portés par les vents retrouvent sur ces sols chauds les mêmes conditions climatiques que sur leur terre d'origine.

? Le saviez-vous ?

DE L'EAU...

En France, les volcans éteints d'Auvergne sont célèbres pour la qualité de leurs eaux minérales. Tout au long de la chaîne des puys, les eaux de pluie s'infiltrent à travers les couches de scories et les coulées de lave fissurées et se chargent en sels minéraux. Plusieurs de ces sources sont exploitées commercialement.

... ET DU VIN

Dans la région du Vésuve, en Italie, l'industrie viticole est florissante. On y produit un vin célèbre appelé lacrima-christi, la « larme du Christ ». Les mêmes vignes plantées dans un sol moins riche en potassium, phosphore, calcium, magnésium et sodium produiraient un vin moins doux.

LA LAVE FERTILISE... MAIS STÉRILISE AUSSI

Pour l'agriculteur, une éruption qui produit moins de 20 cm d'épaisseur de cendres est un bienfait. Mais si elles sont trop abondantes, ou si, pire, si les terres sont complètement recouvertes par une coulée de lave qui met des mois à se refroidir, pendant des dizaines d'années, et même des siècles, seuls la mousse et les lichens poussent dans ces paysages stériles. Viennent ensuite les fleurs sauvages puis les arbres. Avec le temps, la surface de la lave s'altère et se transforme en sol sous l'action des racines. Quand cette couche d'humus est suffisamment épaisse, le terrain redevient fertile, mais ce processus peut s'étendre sur plusieurs générations.

Les bienfaits des volcans

DES MINÉRAUX PRÉCIEUX REMONTENT DES PROFONDEURS

Lors d'une éruption volcanique, des millions de tonnes de cendres, de pierres et des rivières de laves incandescentes dévalent les pentes du volcan. Ils contiennent des richesses insoupçonnées.

Obsidienne : Avant de savoir fabriquer le fer, l'homme utilisait l'obsidienne, une pierre issue du refroidissement rapide du magma, pour faire des outils tranchants, notamment des pointes de flèches. Plus tard, il a aussi réalisé des bijoux et des objets d'art avec ce verre volcanique noir et brillant.

Pierre ponce : Si les volcans crachent de la pierre dure, ils rejettent aussi un matériau plein de trous, la pierre ponce. Parce qu'elle est rugueuse et donc abrasive, on s'en sert pour délaver et user la toile des jeans, pour fabriquer des gommes, et aussi pour râper la corne qui se forme sous les pieds et avoir la peau douce comme celle des bébés ! Ces scories, poreuses et légères, servent aussi à fabriquer des bétons légers et isolants, à drainer les terrains agricoles, routiers et sportifs, et à filtrer et purifier les eaux usées dans les stations d'épuration grâce aux bactéries présentes dans leurs vacuoles.

Pierres précieuses : Les gaz font aussi remonter d'autres matières premières des profondeurs, notamment du soufre qu'ils déposent en surface. Les vieux volcans offrent également des gisements de métaux : cuivre, or, argent, fer, plomb, zinc... En Afrique du Sud, on trouve même des mines de pierres précieuses (diamants, émeraudes, etc.) dans d'anciennes cheminées volcaniques.

Focus

LES FORÇATS DU SOUFRE

Le soufre déposé par les fumerolles volcaniques est utilisé dans l'industrie, notamment pour fabriquer des acides, des médicaments, des explosifs, pour blanchir le sucre ou pour traiter le caoutchouc. En Indonésie, environ 4 tonnes de soufre sont extraites chaque jour du cratère du Kawah Idjen par des hommes et des enfants surnommés les « forçats du soufre », parce qu'ils remontent des charges de 80 kg qu'ils transportent sur des distances de plus de 10 km, avec, pour toute protection, des foulards et des mouchoirs… tout ça pour un salaire de misère ! Ce cratère contient un lac d'acide sulfurique. Tout homme qui tenterait de s'y baigner serait immédiatement réduit à l'état de squelette !

Pouzzolane : Les fragments de magma projetés par les volcans sont extrêmement durs et résistants. Les Romains mélangeaient déjà de l'eau et des cendres volcaniques riches en silices, en alumine et en chaux pour fabriquer du ciment. Aujourd'hui encore, la pouzzolane entre dans la fabrication de nombreux matériaux destinés à la construction.

LA NATURE ET LES HOMMES

Les bienfaits des volcans

LES VOLCANS, C'EST BON POUR LA SANTÉ !

On raconte qu'au Vᵉ siècle avant J.-C. Hippocrate, le plus célèbre médecin de l'Antiquité, prescrivait à ses patients des bains dans les eaux de l'île volcanique de Kos, en Grèce. Il utilisait déjà les vertus des eaux thermales pour soigner certaines maladies. Dans les régions volcaniques, les eaux qui ont circulé à proximité du magma y ont puisé des éléments chimiques qu'elles remontent à la surface : soufre, arsenic, gaz carbonique, sodium, chlorure... L'eau minérale des sources de Volvic, filtrée par les scories volcaniques, est parfaitement pure et riche en oligoéléments rares, tels que le silicium et le vanadium. En France, de nombreux médecins prescrivent des cures en Auvergne. Les personnes qui souffrent de troubles digestifs sont envoyées à Chatel-Guyon, les allergies respiratoires ou cutanées sont soignées à La Bourboule et les maladies du rein à Saint-Nectaire. Les curistes sont traités par bains, douches ou massages et boivent des litres et des litres d'eau minérale, en respectant bien entendu les prescriptions médicales.

Hippocrate

Anecdote

À Chaudes-Aigues, dans le massif volcanique de l'Aubrac, la source du Par libère des eaux à 82 °C, les plus chaudes d'Europe continentale. Le lavoir municipal, qui existe toujours, fournissait autrefois gratuitement de l'eau chaude. De nombreuses maisons bénéficient d'un captage privé de ces eaux qui soignent les rhumatismes.

Une cocotte-minute naturelle

Il arrive parfois que les eaux de surface (pluie, neige) s'infiltrent dans les profondeurs et se retrouvent enfermées entre des couches de roches imperméables qui jouent un peu le rôle de casseroles. Ainsi réchauffée, l'eau remonte vers la surface sous forme de sources brûlantes et fumantes ou de geysers, exactement comme lorsque l'on ôte le cabochon de la cocotte-minute. Gare à ne pas trop s'approcher !

Les Romains de l'Antiquité appréciaient le luxe d'une eau chaude courante et ils ont construit d'immenses bains publics. Ces lieux, alimentés par des sources naturelles, devinrent des centres médicaux où les malades pouvaient se baigner dans une eau minérale.

Les îles Éoliennes

QUEL BONHEUR DE BULLER DANS LA GADOUE !

À Vulcano, dans les îles Éoliennes, on peut prendre des bains de boue sur la plage d'Acquacalda, au milieu des innombrables fumerolles qui remontent du sol. Les médecins recommandent de se badigeonner de ces boues soufrées pour soigner l'asthme et les maladies de peau… C'est verdâtre, visqueux, brûlant, mais très efficace !

Au Japon, dans l'île de Kyushu, les personnes qui souffrent de rhumatismes sont enfouies dans les sables humides chauffés par le sol volcanique…

Japon

LA NATURE ET LES HOMMES

La colère des

De tout temps, l'homme a inventé des légendes pour se rassurer et expliquer les mystères du monde. Pour les peuples anciens, les volcans étaient des bouches de l'enfer, le domaine de dieux susceptibles et irascibles. Ils voyaient dans les éruptions une manifestation de la fureur des dieux et des démons. Inversement, le volcan sacré, à l'origine de nombreux bienfaits, était régulièrement loué lors de processions et récompensé par des offrandes. Il a fallu du temps, beaucoup de temps pour que l'homme trouve des explications plus rationnelles à ces phénomènes. Et il a fallu encore plus de temps pour que quelques hommes éclairés parviennent à en convaincre leurs contemporains...

Le saviez-vous ?

LES NOMS CHANGENT, MAIS LES DIEUX RESTENT LES MÊMES...
Les légendes grecques ont été adoptées par les Romains qui vivaient aussi auprès de volcans. Ces derniers ont changé les noms des dieux : Aphrodite est devenue Vénus, Héra, la mère colérique, s'appelle Junon et Héphaïstos est Vulcain. Dieu du feu et des forges, il donne sa racine au mot « volcan ».

CRÈTE — L'ATLANTIDE OU LE CONTINENT ENGLOUTI

Au XVIIe siècle avant notre ère, la puissance de la Crète est à son apogée. Depuis plus de 500 ans, les Minoens règnent sur toute la Méditerranée. Peuple de marins, ils contrôlent la navigation, et leur capitale, Cnossos, est une cité très développée, riche de palais raffinés. L'île grecque de Santorin, située dans la mer Égée à 100 km au nord de la Crète, appartient à l'archipel des Cyclades. Vers 1650 av J.-C., une éruption majeure détruit l'île. Le panache monte à plus de 30 km d'altitude et l'île est recouverte d'une couche de ponce de près de 60 m d'épaisseur. Des cendres atteignent même l'Égypte, distante de 600 km. Ce qui reste du volcan s'effondre en mer pour former une caldeira de près de 8 km de diamètre par endroits. Un raz-de-marée de 200 m de hauteur balaye tous les établissements maritimes crétois. C'en est terminé de la civilisation minoenne. Cette brusque disparition, décrite par Platon dans son récit *Critias*, serait à l'origine du mythe de l'Atlantide.

dieux

Les colères d'Héphaïstos, dieu du feu et des forges

Héphaïstos régnait en profondeur dans les entrailles de la Terre. Il avait été précipité du haut de l'Olympe par sa mère, Héra, et en était resté fort laid et boiteux. Il installa son royaume dans de gigantesques forges situées sous les volcans de l'Italie du Sud. Là, il travaillait les métaux en artiste accompli et fabriqua les armes des dieux et des héros : éclairs de Zeus, armes et bouclier d'Achille, etc. Il était aidé dans son œuvre par les Cyclopes, dont l'œil unique ressemble au cratère d'un volcan. Tandis que leurs coups de marteau retentissaient au cœur de la montagne, le feu de leurs forges jaillissait des cratères. Bizarrement, Héphaïstos reçut en mariage Aphrodite, la déesse de la beauté et de l'amour. Celle-ci, n'ayant que faire d'un mari grognon, le trompait outrageusement avec d'autres dieux, demi-dieux ou héros : Neptune, Mercure, Dionysos, Adonis… Désespéré et furieux, Héphaïstos provoquait alors de gigantesques éruptions.

LA NATURE ET LES HOMMES

La colère des dieux

HAWAII — PELE, DÉESSE DES VOLCANS

Pour les habitants d'Hawaii, c'est Pele, la déesse aux cheveux de feu, qui fait trembler la terre et cracher les volcans. Cette créature susceptible et colérique habite le cratère du Kilauea, le Halemaumau, sur l'île d'Hawaii. Selon la légende, Pele vivait à Tahiti. Après une terrible querelle, sa sœur, Na-maka-o-Kaha'i, la chassa de l'île. Après un long voyage, Pele se réfugia dans un cratère au nord de l'archipel d'Hawaii. Mais sa sœur la poursuivit et noya le cratère. Pele s'échappa ; sa sœur la retrouva et noya de nouveau le volcan. Cette scène se reproduisit plusieurs fois. Après un dernier combat, Pele mourut à Maui et son esprit s'installa dans le Kilauea, où elle vivrait toujours. Curieusement, cette légende est en parfait accord avec l'explication des points chauds.

Anecdote

Lorsque les Espagnols débarquèrent en Amérique centrale au XVIᵉ siècle, ils virent, horrifiés, des Indiens du Nicaragua sacrifier des humains en les jetant dans le lac de lave du lac Masaya.

Pour les chrétiens, **l'enfer** est un lieu souterrain où les pêcheurs brûlent dans les flammes de la damnation éternelle. Selon la Bible, au livre de la Genèse, Dieu aurait détruit les villes de Sodome et Gomorrhe, que l'on situe au sud de la mer Morte, par des inondations et des incendies pour manifester sa colère contre ses habitants dépravés.

Japon – Les âmes pures du Fuji-Yama

De nombreux pèlerins gravissent chaque année les pentes du Fuji-Yama et déposent leurs offrandes dans les temples tout au long du chemin. Cette ascension est une étape essentielle dans le développement de l'âme.

Comment

Un **casque** pour se protéger des bombes volcaniques, de grosses chaussures de montagne et des gants en amiante pour prélever des échantillons de roche en fusion et de gaz.

Une **combinaison ignifugée** recouverte d'une couche alumineuse reflète 90 % de l'intense chaleur d'une éruption. Grâce à elle, le volcanologue supporte la température un certain temps, mais elle l'empêche de sentir, d'entendre et de voir ce qui se passe à l'extérieur. En cas de danger, elle peut même le gêner dans sa fuite.

Des **jumelles** pour bien voir sans trop s'approcher.

Une **barre métallique** pour prélever des échantillons de lave en fusion. Le volcanologue plonge une extrémité de la tige dans la coulée et fait tourner la perche (comme quand on mange des spaghettis avec une fourchette !) pour extraire une boule de lave bouillante, qui refroidit très vite à l'air libre.

étudie-t-on les volcans ?

PROFESSION : VOLCANOLOGUE

Sur la Terre, on dénombre une centaine de volcans dangereux. La plupart des volcans actifs sont surveillés 24 heures sur 24 depuis un observatoire construit sur un site proche mais protégé, une colline par exemple. Chaque année, une quarantaine d'éruptions volcaniques surviennent, mais elles ne durent souvent que quelques jours. Les volcanologues étudient les volcans pour tenter de prévoir les prochaines crises éruptives. Ces scientifiques passent beaucoup de temps dans leurs laboratoires pour interpréter les données recueillies sur les sites volcaniques, mais ils s'aventurent aussi souvent au bord des cratères en activité pour se procurer des échantillons de lave et de gaz, pour mesurer les variations de température des gaz et les déformations du sol. Ils portent des protections spéciales, mais il arrive malheureusement que le volcanologue le plus chevronné se trouve au mauvais endroit au mauvais moment...

Science

IDÉE SAUGRENUE, MAIS VRAIE DÉCOUVERTE !

Le premier des laboratoires d'observation volcanologique, l'Osservatorio Vesuviano, a été créé en 1841 sur le Vésuve par le roi Ferdinand II de Naples. Franck Perret, ingénieur américain ex-associé de Thomas Edison, y vécut durant l'éruption de 1906. Il remarqua qu'en serrant entre ses dents les barres métalliques de son lit scellé dans le sol il pouvait percevoir dans les os du crâne une étrange vibration : c'est ainsi qu'il découvrit ce qu'on appelle le « tremor » (lire aussi page suivante), vibration continue qui apparaît lors de l'émission du magma en surface.

Focus

LE DÉPIT FATAL D'EMPÉDOCLE

Empédocle, philosophe grec vivant au IVe siècle av. J.-C., fut le premier à proposer une théorie complète du volcanisme. Il pensait que le centre de la Terre était en fusion et que les éruptions provenaient de la remontée de ce matériel vers la surface. Son intérêt était tel qu'il se fit bâtir une maison à proximité du volcan, en un lieu aujourd'hui connu sous le nom Torre del Filosofo. Cependant, peut-être parce qu'il ne parvenait pas à prouver sa théorie, il se suicida en se jetant dans le cratère.

Comment étudie-t-on les volcans ?

MESURER, C'EST PRÉVOIR

Pour prévenir une éruption, les volcanologues doivent très bien connaître le volcan qu'ils surveillent et guetter le moindre signe anormal. Ils ont donc mis au point des instruments et des méthodes très sophistiqués. En voici quelques-uns :

Les **fumerolles brûlantes** qui sortent du volcan sont régulièrement analysées pour mesurer les variations de leur température, de leur composition et de leur débit. Un changement dans la proportion de gaz carbonique et de dioxyde de souffre annonce souvent le réveil du volcan.

Les volcanologues ont constaté qu'un volcan « gonfle » de quelques millimètres à plusieurs dizaines de centimètres (parfois plusieurs mètres !) avant l'éruption, sous la poussée du magma et des gaz. Cette déformation du volcan peut être mesurée avec des **inclinomètres et des géodimètres**. Avec un extensiomètre, on peut aussi mesurer les fissures du sol. Ces appareils disposés sur le volcan transmettent leurs données à l'observatoire le plus proche.

Le magma qui remonte des profondeurs provoque une quantité de petites secousses, presque imperceptibles par l'homme. Les **sismographes** sont des instruments très sensibles qui permettent de détecter ces frémissements caractéristiques appelés « tremors », de faible amplitude mais de très haute fréquence. Ces signaux alarmants se produisent en général entre 24 et 48 heures avant une éruption, parfois plus, ou quelques minutes avant seulement.

Le **robot Dante** a été conçu pour pénétrer à l'intérieur des volcans, là où les volcanologues ne peuvent s'aventurer sans danger.

L'œil des satellites

L'utilisation de satellites tels Météostat, Noaa, Londsat ou Spot, dotés d'instruments de télédétection précis, permettent d'établir des cartes des risques en temps réel dès qu'une éruption est signalée (évolution des coulées et dépôts de cendres, dégagements gazeux, température du sol). Grâce à leurs images, on peut aussi repérer les panaches d'éruption dans l'atmosphère afin de prévoir les changements climatiques ou assurer la sécurité du transport aérien (les particules véhiculées peuvent obstruer les réacteurs et voiler les hublots des postes de pilotage).

Anecdote

Observer un volcan ne suffit pas, il faut aussi connaître son histoire. En sachant comment il s'est comporté dans le passé, on peut prévoir son activité future. Les descriptions retrouvées dans les textes anciens sont donc précieuses pour les volcanologues. Ils étudient aussi les roches que le volcan a rejetées, le trajet et l'importance des anciennes coulées.

LA NATURE ET LES HOMMES

Les volcanologues célèbres

Depuis l'Antiquité, les volcans de la planète ont toujours suscité la curiosité des scientifiques. Et pour les observer et les étudier, certains d'entre eux n'ont pas hésité, comme le couple Kraft, à prendre d'incroyables risques pour se rendre au plus près de ces monstres géologiques, dans le seul but d'en révéler tous les mystères.

MAURICE ET KATIA KRAFTT

« La vie ne vaut d'être vécue que tant qu'elle vous consume, aimait à dire Maurice Krafft. De toute façon, on n'en sort pas vivant ! » Tous deux passionnés par les volcans, Maurice et Katia Krafft se marient en 1970. Ils sont reliés par satellite à tous les observatoires et leurs bagages sont toujours prêts afin de pouvoir se précipiter sur les volcans à la moindre menace d'éruption, que ce soit en Alaska, au Chili ou en Indonésie. Leurs nombreux films, notamment *Comprendre les risques volcaniques*, ont sans doute permis de sauver des milliers de vies humaines, notamment lors de l'éruption du Pinatubo, aux Philippines, en 1991. Ses images percutantes réussirent à convaincre les populations installées sur les flancs du volcan de quitter leurs terres… « Mourir dans une nuée ardente serait notre plus belle mort », avaient-ils coutume de dire. Ils ont accompli leur vœu en juin 1991, lors de l'éruption du mont Unzen, au Japon…

ALFRED LACROIX

Professeur au Muséum d'histoire naturelle de Paris, le volcanologue français Alfred Lacroix (1863-1948) arrive à la Martinique le 23 juin 1902, envoyé par le gouvernement. Il y passe un an à étudier l'éruption de la montagne Pelée. Dans le livre qui l'a rendu célèbre, *La Montagne Pelée et ses éruptions*, il décrit la curieuse nuée ardente qui a détruit la ville de Saint-Pierre.

JACQUES-MARIE BARDINTZEFF

Jacques-Marie Bardintzeff naît le 30 décembre 1953. Après l'École normale supérieure, il devient professeur agrégé et docteur d'État en volcanologie (1985). Il est auteur ou coauteur de plus de 260 publications et communications scientifiques. Sa thèse de doctorat d'État ès sciences *Les Nuées ardentes : pétrogenèse et volcanologie en 1985* fait autorité en la matière.
Jacques-Marie Bardintzeff est également auteur de nombreux livres de vulgarisation sur les volcans.

HAROUN TAZIEFF

Haroun Tazieff (1914-1998) naît en Pologne. Il fait ses études d'ingénieur agronome en Belgique, puis entre dans la Résistance durant la Seconde Guerre mondiale. Il devient ingénieur géologue et part travailler en République démocratique du Congo (qui s'appelait à l'époque le Congo belge). Devenu directeur du laboratoire de volcanologie de l'Institut de physique de globe, à Paris, en 1953, il multiplie les expéditions (vallée des Dix Mille Fumées en Alaska, Afar, Nyragongo, Erta Ale, mont Erebus, Etna, Faïal, la Soufrière de la Guadeloupe...). De 1984 à 1986, il est nommé secrétaire d'État auprès du Premier ministre, chargé de la prévention des risques technologiques et naturels majeurs. Ses nombreux récits d'exploration (*Cratères en feu*, 1951) et ses films (*Les Rendez-vous du diable*, 1958 ; *Le Volcan interdit*, 1966) l'ont rendu célèbre.

Italie : les insouciants du Vésuve

Depuis l'an 1600, les volcans ont tué environ 281 000 personnes. C'est peu à côté des victimes d'autres catastrophes naturelles telles que les cyclones, les tremblements de terre ou les inondations, encore moins à côté des guerres ou des accidents de la route. Pourtant, 77 % des décès humains sont liés à seulement 8 éruptions ayant fait chacune au moins 5 000 morts. La plupart des 100 volcans les plus dangereux au monde sont situés dans les pays les plus pauvres de la planète. Aujourd'hui, les scientifiques et les autorités civiles collaborent étroitement pour lutter contre les effets des catastrophes naturelles. Car si on ne peut les empêcher, on peut toutefois essayer de s'en protéger et évacuer les populations menacées. La protection civile consiste à leur enseigner la conduite à tenir en cas d'éruption.

Le saviez-vous ?

LE VOLCAN LE PLUS VISITÉ AU MONDE
Au cours des 17 000 années qui ont précédé la destruction de Pompéi et d'Herculanum, le Vésuve avait eu cinq éruptions spectaculaires. Depuis l'an 79, le Vésuve a été plus actif. 35 (ou 50 selon les sources) éruptions au cours des siècles passés, dont la plus impressionnante, celle de 1631, provoqua des coulées et des nuées ardentes. La dernière éruption importante date de 1944. Depuis le XVIIIe siècle, les touristes montent, non sans peine, jusqu'au sommet du volcan et paient pour regarder à l'intérieur du cratère fumant.

Extrait de la lettre de Pline le Jeune à Tacite sur l'éruption du Vésuve, en 79 après J.-C.

« À ce moment, de la cendre, mais encore peu serrée ; je me retourne : une traînée noire et épaisse s'avançait sur nous par derrière, semblable à un torrent qui aurait coulé sur le sol à notre suite...

À peine étions-nous assis et voici la nuit, comme on l'a, non point en l'absence de la lune et par temps nuageux, mais bien dans une chambre fermée, toute lumière éteinte. On entendait les gémissements des femmes, les vagissements des bébés, les cris des hommes ; les uns cherchaient de la voix leur père et leur mère, les autres leurs enfants, les autres leurs femmes, tâchaient de les reconnaître à la voix. Certains déploraient leur malheur à eux, d'autres celui des leurs. Il y en avait qui, par frayeur de la mort, appelaient la mort. Beaucoup élevaient les mains vers les dieux ; d'autres, plus nombreux, prétendaient que déjà il n'existait plus de dieux, que cette nuit serait éternelle et la dernière du monde.

Enfin la traînée noire dont j'ai parlé s'éclaircit et s'évanouit à la manière d'une fumée ou d'un brouillard ; puis brilla le vrai jour, même le soleil, mais avec la teinte jaunâtre qu'il a lors des éclipses. Aux regards encore mal assurés, les objets s'offraient sous un nouvel aspect, couverts d'une cendre épaisse comme d'une couche de neige. »

Pline le Jeune, *Lettres*, tome II, Livres IV-VI
Texte établi et traduit par Anne-Marie Guillemin
Paris, Les Belles Lettres, 1989, 1re éd. 1987

SAUVE QUI PEUT !

Le Vésuve reste aujourd'hui considéré par la communauté scientifique internationale comme le volcan le plus dangereux au monde : dominant la baie de Naples, il menace ses 800 000 habitants. Trois millions de personnes vivent dans un rayon de 30 km autour du volcan, un million de personnes à moins de 7 km. La région est un important nœud ferroviaire et autoroutier par lequel passent tous les échanges entre le nord et le sud de l'Italie. Toutes ces voies d'échange sont coincées entre les pentes du volcan et la mer, soit à moins de 10 km du cratère. Une éruption importante du type de celle de 1631 pourrait donc être catastrophique.

En cinq minutes, près de 400 000 personnes seraient tuées par des coulées pyroclastiques. Les routes et les voies de chemin de fer seraient détruites, tout comme le port et l'aéroport. On ne pourrait plus se déplacer, les secours ne pourraient plus arriver...

Aujourd'hui, le Vésuve est sous haute surveillance. Mais pour que tout se passe bien, il faudrait qu'en cas de menace sérieuse les habitants acceptent l'ordre d'évacuation et arrêtent de penser que le Vésuve n'est qu'un gentil volcan où l'on va se promener le dimanche en famille et non pas un danger redoutable.

LA NATURE ET...

Japon : vivre de feu en

Il existe une soixantaine de volcans en activité au Japon, et les semaines sans tremblements de terre sont rares. La population a appris à vivre au rythme des humeurs de la Terre et à s'en protéger.

DES DIGUES POUR MAÎTRISER LES COULÉES DE BOUE

Sur l'île d'Hokkaido, au nord de l'archipel japonais, il neige souvent. Les lahars peuvent donc être très destructeurs. Pour protéger la ville de Furano, située dans la plaine au débouché d'une vallée étroite qui descend droit du volcan Tokachi, les ingénieurs et les volcanologues japonais ont construit le plus grand « Cribble Dam » du monde. Tout au long de cette vallée une série de digues fait obstacle aux coulées de boue. Deux énormes grilles d'acier retiennent d'abord les blocs de rocher et les troncs d'arbres emportés par les coulées qui, sinon, deviendraient des projectiles particulièrement destructeurs. Plus bas, des digues de béton en chicanes brisent l'élan des coulées de boue. Ensuite, le torrent tumultueux est canalisé loin des zones habitées. Capteurs, caméras, alarmes complètent le dispositif. La population est bien informée et sait exactement comment et où évacuer. Ceux qui n'ont pas le temps de quitter les quartiers les plus bas de la ville peuvent rejoindre des plates-formes artificielles surélevées de quelques mètres au-dessus du sol où ils trouvent des terrains de regroupement, des matelas, des couvertures, une cuisine approvisionnée, un centre médical et un centre de communication, le tout autonome en matière d'énergie.

Ushuaïa Junior >> Volcans

sur la ceinture toute sécurité

Anecdote

Chaque année, le 12 janvier, date anniversaire de la grande éruption du Sakurajima en 1914, c'est la journée d'entraînement et de mobilisation dans l'île de Kyushu. Ce jour-là, toutes les forces d'intervention possibles sont mobilisées pour démontrer l'efficacité et la rapidité de l'action. Dès que l'alarme retentit, tous les enfants des écoles se précipitent sous leurs pupitres, écoutent les instructions de la maîtresse et vont chercher dans le vestiaire leur casque, leur sac à dos et un pack de survie obligatoire. Là, sous le grondement des hélicoptères qui survolent l'île pour repérer d'éventuels blessés, les écoliers, les enseignants, les parents, toute la population de l'île descend en bon ordre vers le port d'Arimura en attendant d'embarquer sur les bateaux d'évacuation.

DES EXERCICES D'ALERTE POUR DÉGUERPIR EN QUATRIÈME VITESSE

Dans l'île de Kyushu, au sud du Japon, le Sakurajima est un volcan explosif en éruption quasi permanente. Les habitants de la région, habitués à ses fréquentes colères, ont appris à s'en protéger. Au bord des routes, des panneaux lumineux avertissent les automobilistes lorsque les retombées de cendres limitent la visibilité. Tous les kilomètres, des abris en béton sont aménagés pour abriter les automobilistes des bombes volcaniques. Tous les jours, la radio diffuse en même temps que le bulletin météo des informations sur l'activité du volcan. Et bien sûr, les maisons de l'île sont construites pour résister aux tremblements de terre et au poids des cendres qui pourraient s'y accumuler.

Comment se

BARRER LA ROUTE AUX RIVIÈRES REDOUTABLES

Le modèle de prévention japonais n'est pas forcément exportable à d'autres pays. Le Japon est un pays très discipliné où la population répond avec zèle et rapidité à un ordre d'évacuation. De plus, c'est un pays riche qui peut financer de telles infrastructures. Les pays en voie de développement ne peuvent pas faire face à de telles dépenses.

Indonésie — Contruction de barrages

L'Indonésie est un archipel de 13 000 îles qui abrite 128 volcans en activité, dont une vingtaine sont jugés dangereux (le Merapi, le Galunggung, l'Awu, etc.). D'après des plans japonais, plusieurs digues ont été construites à la base du Merapi. Le manque de ressources financières a été compensé par une main-d'œuvre abondante. Les énormes barrages sont construits pierre après pierre, à la main, à l'aide de hauts échafaudages de bambou et avec du mortier réalisé avec le sable des coulées de boue précédentes.

protéger des volcans ?

Islande — Détourner une coulée de lave

En 1973, sur l'île d'Heimaey, en Islande, un nouveau volcan, l'Eldfell, entre en éruption. Une coulée de lave menace de recouvrir une partie de la ville et surtout d'obstruer le port de pêche, base de l'activité économique locale. Pendant que les 5 300 habitants sont évacués, les pompiers restés sur place aspergent sans relâche avec leurs lances à incendie le front de la coulée brûlante avec de l'eau de mer pompée, débitant jusqu'à 12 000 tonnes d'eau par heure. Ils parviennent ainsi à détourner la coulée de lave, à sauver le port et même à le prolonger d'une digue naturelle fabriquée par la lave du volcan...

France, la Soufrière
Anticiper les évacuations

Depuis le début de l'année 1975, de petits séismes secouent la Soufrière, un volcan qui, depuis l'arrivée des Français aux Antilles, n'a jamais connu d'éruption. On ne connaît donc pas ses réactions. Le problème, c'est que 80 000 personnes vivent à ses pieds. Inquiets, les volcanologues conseillent l'évacuation. 73 600 habitants quittent leurs maisons le 15 août 1976 et restent loin de chez eux pendant quatre mois. Mais la Soufrière ne s'éveille pas... En donnant l'alerte trop vite, les scientifiques ont provoqué une catastrophe économique dans la région...

Comment se protéger des volcans ?

UNE ÉRUPTION MENACE : FAUT-IL ÉVACUER ?

Une violente éruption va avoir lieu. Que faire ? S'enfuir ! Les volcanologues qui prévoient un danger imminent avertissent les autorités (le maire, le gouverneur, le chef d'État). À elles d'avertir les populations, d'organiser les secours et, si besoin, l'évacuation des populations concernées afin d'empêcher les drames humains. Mais il n'est pas si simple de vider une région de ses habitants en quelques heures. D'autant qu'il arrive parfois que le volcan change d'avis…

INDONÉSIE, PINATUBO
ÉVACUATION RÉUSSIE. PLUS DE PEUR QUE DE MAL !

Le 7 juin 1991, les volcanologues donnent l'alerte. Le volcan Pinatubo, situé sur l'île de Luçon, aux Philippines, s'est réveillé depuis deux mois, mais ce jour-là, il menace d'exploser. Il faut évacuer la région d'urgence car le bouchon de lave qui bloque la sortie des gaz va sauter. Les autorités du pays décident le 9 juin de demander aux habitants vivant dans un périmètre de 20 km autour du volcan de partir. 25 000 personnes se retrouvent sur les routes. Le 10 juin, 14 500 militaires américains et leurs familles vivant à 30 km du volcan doivent quitter les lieux eux aussi. Le 12 juin, le bouchon saute, libérant un immense panache noir. Les habitants des alentours continuent à être évacués. Au maximum de l'éruption, le 15 juin, il n'y a plus, en principe, âme qui vive dans un rayon de 40 km autour du Pinatubo. Ce qui explique que les coulées de cendres et de boues n'ont fait « que » 906 victimes. Au total, 300 000 personnes ont été déplacées. C'est la plus grande évacuation jamais organisée.

**COLOMBIE, NEVADO DEL RUIZ
DES TERGIVERSATIONS QUI FONT
25 000 MORTS**

En 1985, le Nevado del Ruiz s'éveille. L'explosion n'est pas très forte, mais provoque de catastrophiques coulées de boue qui vont ensevelir la ville voisine d'Armero. Les scientifiques avaient pourtant prévenu, mais des querelles d'experts, des avis contradictoires ont fait que les autorités ont attendu le dernier moment pour avertir la population. Elles craignaient qu'une évacuation trop précoce ou injustifiée n'ait des conséquences désastreuses sur l'économie de ce pays pauvre... Bilan : 25 000 victimes.

UN DÉFI POUR LA TERRE

La géothermie, une énergie renouvelable puisée dans les entrailles de la Terre

Depuis plus de 20 000 ans, l'homme utilise les eaux chaudes qui jaillissent du sol pour se délasser ou se soigner. Pour les Étrusques, puis pour les Romains, les bains publics étaient des lieux de rencontres et d'échange d'idées, ce qu'ils resteront tout au long du premier millénaire de notre ère. Depuis environ un siècle, l'homme a également développé des exploitations industrielles pour produire de l'électricité et du chauffage urbain à partir de la vapeur extraite des profondeurs.
Cette énergie présente l'énorme avantage d'être renouvelable, abondante et non polluante. Malheureusement, la ressource se trouve en grande partie emmagasinée dans des formations rocheuses peu perméables. En l'absence d'eau, il est difficile de la capter. L'idée est donc venue de créer artificiellement des réservoirs géothermiques en profondeur, en fracturant les roches et en leur injectant de l'eau. Simple dans sa conception mais difficile dans son application, ce concept inventé par les Américains dans les années 1970 correspond à ce que l'on appelle la géothermie profonde ou « géothermie des roches chaudes fracturées ».

En 2005, plus de 70 pays déclaraient utiliser la géothermie pour produire de la chaleur. Les principaux pays producteurs sont le Japon, la Chine, l'ex-URSS, les pays d'Europe centrale et orientale et les États-Unis. La France a joué un rôle de pionnier dans le développement de la géothermie en montrant l'exemple dans le Bassin parisien, qui présente la plus grande densité au monde d'opérations de géothermie en fonctionnement. Selon les dispositifs employés et le niveau de la température, cette énergie est utilisée directement pour l'industrie (serre, pisciculture, séchage de produits agricoles, thermalisme), ou alimente un réseau de chaleur pour l'habitat collectif, le chauffage et la climatisation des entreprises ou de l'habitat individuel.

Le saviez-vous ?

DE L'EAU CHAUDE POUR FAIRE POUSSER DES BANANES EN ISLANDE

La géothermie basse température (de 60 à 120 °C) assure le chauffage direct des habitations de 80 % des Islandais. Cette eau chaude naturelle permet aussi de chauffer des serres où ils cultivent des fleurs, des légumes et même des bananes et du raisin, alors que l'Islande est située au niveau du cercle polaire arctique !

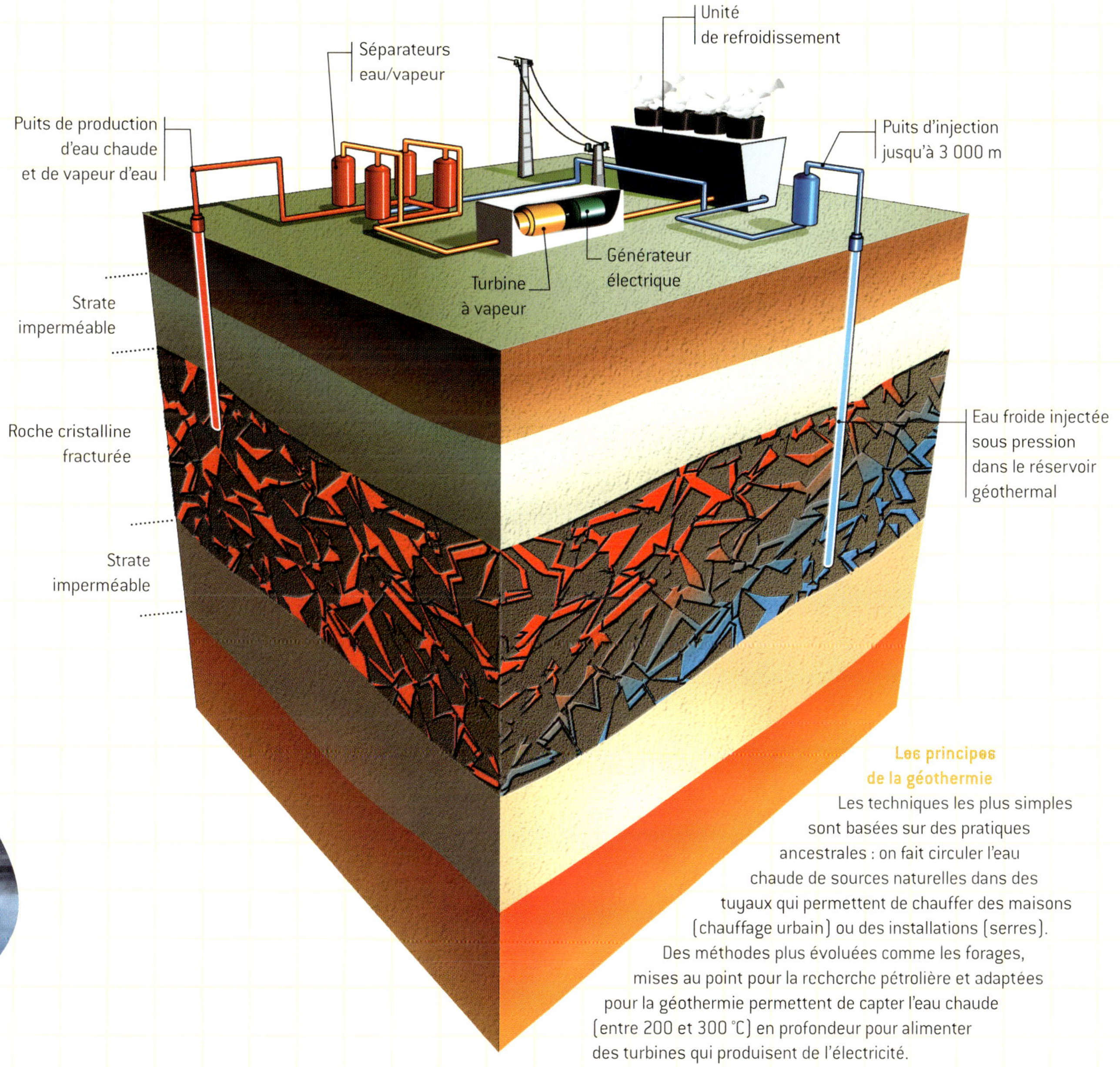

- Séparateurs eau/vapeur
- Unité de refroidissement
- Puits de production d'eau chaude et de vapeur d'eau
- Puits d'injection jusqu'à 3 000 m
- Turbine à vapeur
- Générateur électrique
- Strate imperméable
- Roche cristalline fracturée
- Strate imperméable
- Eau froide injectée sous pression dans le réservoir géothermal

Les principes de la géothermie

Les techniques les plus simples sont basées sur des pratiques ancestrales : on fait circuler l'eau chaude de sources naturelles dans des tuyaux qui permettent de chauffer des maisons (chauffage urbain) ou des installations (serres). Des méthodes plus évoluées comme les forages, mises au point pour la recherche pétrolière et adaptées pour la géothermie permettent de capter l'eau chaude (entre 200 et 300 °C) en profondeur pour alimenter des turbines qui produisent de l'électricité.

UN DÉFI POUR LA TERRE

Éruptions et conséquences sur le climat

L'histoire de notre planète a été marquée par des catastrophes écologiques liées à des modifications de son climat. Les volcans peuvent jouer un rôle dans ces changements. Lors d'une très forte éruption, les cendres et les poussières volcaniques s'élèvent à plusieurs dizaines de kilomètres au-dessus de la surface de la Terre et peuvent se maintenir plusieurs années dans la stratosphère : elles restent en orbite et forment un filtre entre la Terre et le Soleil, ce qui peut faire baisser la température à la surface du globe terrestre. Même quand l'éruption n'est pas importante, les gaz rejetés par les volcans actifs représentent une source importante de pollution. Ils produisent chaque année environ 4 millions de tonnes de dioxyde de soufre et 50 millions de tonnes de gaz carbonique. Respirés en grandes quantités, ces gaz peuvent être mortels !

Ces deux images prises par le satellitte météorologique Noaa montrent la dispersion dans l'atmosphère du panache de gaz issu de l'éruption du Pinatubo, le 15 juin 1991. En deux mois, le panache s'est répandu tout autour de la Terre au niveau de l'équateur. Il faudra un an pour qu'il se dissipe.

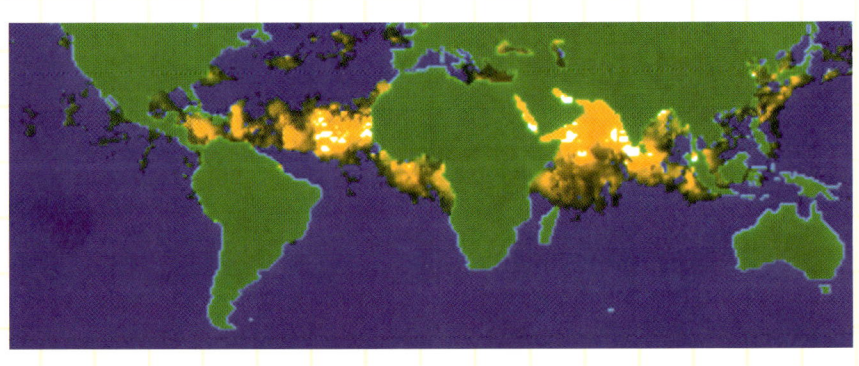

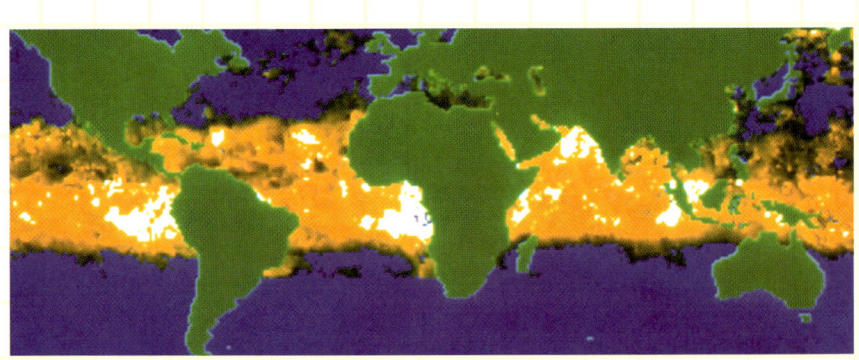

Le saviez-vous ?

La plus grande éruption historique a lieu les 10 et 11 avril 1815 à Tambora, en Indonésie. C'est aussi la plus grande catastrophe volcanique de tous les temps puisque 92 000 personnes périssent : 12 000 des conséquences directes de l'explosion et 60 000 de la famine qui s'ensuit. Entre 150 et 175 km^3 de tephra sont émis en une journée, soit l'équivalent d'un cube de 5 km de côté. **L'énergie produite par l'explosion correspond à presque dix millions de fois la puissance de la bombe atomique d'Hiroshima !**

ISLANDE – UNE FAMINE EFFROYABLE DUE AUX CENDRES DU LAKI

En 1783 et 1784, le volcan Laki s'ouvre en une gigantesque fissure de 25 km de longueur. La lave parcourt près de 60 km et recouvre 565 km^2. C'est le record historique des éruptions laviques ! C'est aussi une catastrophe pour l'île. Des cendres et surtout des gaz contaminent rivières et prairies au point que le bétail est empoisonné, ce qui provoque une terrible famine. 9 396 personnes, soit un quart de la population de l'Islande à cette époque, meurent. Un exode massif s'ensuit. Les particules de cendres et les gouttelettes de gaz en suspension filtrent les rayons du soleil, ce qui refroidit la température sur l'ensemble de l'Europe. La population, essentiellement paysanne, sombre dans la disette et la misère. Six ans plus tard, la Révolution française éclate. Certains disent que l'éruption du Laki y est pour quelque chose...

Après les éruptions importantes, les levers et couchers de soleil sont étrangement rougeoyants, à cause des particules en suspension. Les peintres s'en sont beaucoup inspirés.

Anecdote

SANS L'ÉRUPTION DU TAMBORA, FRANKENSTEIN N'AURAIT PEUT-ÊTRE JAMAIS EXISTÉ

1816, l'année qui suit l'éruption du Tambora, est appelée l'année sans été. Il pleut, neige et il gèle anormalement un peu partout dans le monde. Cette année-là, la jeune Marie Shelley passe des vacances à la campagne avec son mari et un de leurs amis, lord Byron, le célèbre écrivain romantique anglais. Confinés dans leur maison à cause de la pluie et du froid, ils décident de tromper leur ennui en écrivant chacun une histoire. Preuve que l'ambiance n'est pas gaie, la jeune femme invente cet été-là le personnage de Frankenstein...

Glossaire

>> **ASTHÉNOSPHÈRE :** zone du globe terrestre située à la partie supérieure du manteau terrestre, sous la lithosphère. C'est sur cette couche géologique que se déplacent les plaques tectoniques. Elle peut mesurer entre 500 et 600 km d'épaisseur et atteindre une température élevée, entre 1 200 et 1 400 °C.

>> **ARC INSULAIRE :** ensemble des îles situées en bordure de plaques lithosphériques, comme le Japon ou l'Indonésie.

>> **BASALTE :** roche volcanique la plus répandue sur Terre.

>> **BOMBE :** roche volcanique, solide ou visqueuse, projetée par les volcans. Lors de son trajet, elle se refroidit et se solidifie dans l'air sous différentes formes.

>> **CALDEIRA :** ce mot portugais signifiant « chaudron » caractérise un cratère volcanique de forme plus ou moins circulaire résultant d'une explosion ou d'un effondrement de la partie centrale d'un volcan après une importante émission de magma. Son diamètre peut mesurer plusieurs kilomètres.

>> **CENDRE :** projection volcanique constituée de fines particules de 2 mm.

>> **CHAMBRE MAGMATIQUE OU RÉSERVOIR MAGMATIQUE :** espace de plusieurs kilomètres situé sous le volcan au sein de la croûte terrestre ou du manteau supérieur (entre 10 et 50 km de profondeur) dans lequel est contenu le magma.

>> **CHEMINÉE :** canal par lequel montent la lave et les projections du volcan lorsqu'il est en éruption.

>> **CÔNE :** édifice volcanique construit par l'accumulation de matériaux (cendres, lapilli, bombes) projetés par le volcan.

>> **CRATÈRE :** ouverture au sommet d'un volcan, généralement de forme circulaire, due aux explosions qui caractérisent l'activité volcanique. Parfois, on trouve à l'intérieur un lac de lave ou un lac d'acide.

>> **CROÛTE :** partie rigide du globe terrestre dont l'épaisseur varie selon qu'on la trouve sous les océans (10 km), sous les continents (30 km) ou sous les chaînes de montagnes (jusqu'à 70 km).

>> COULÉE DE BOUE OU LAHAR : mot d'origine indonésienne caractérisant un torrent qui dévale les pentes du volcan dans lequel se mélangent des matériaux volcaniques et une grande quantité d'eau, pouvant tout détruire sur son passage.

>> DORSALE OCÉANIQUE : chaîne volcanique sous-marine, de 65 000 km de longueur, balafrée par une gigantesque fissure d'où sort le magma.

>> ÉRUPTION : phénomène volcanique qui peut durer entre quelques jours et plusieurs mois, au cours duquel jaillissent par le cratère du volcan du magma, des laves, des cendres, des gaz, etc.

>> FUMEROLLES : émanations de gaz à haute température (jusqu'à 900 °C) s'échappant d'un volcan par un petit orifice ou une fissure.

>> GÉOLOGIE : science qui étudie la structure et l'évolution de l'écorce terrestre.

>> GÉOPHYSIQUE : science qui étudie les propriétés physiques du globe terrestre pour connaître la nature des formations géologiques situées en profondeur comme leurs mouvements tectoniques, leur magnétisme, etc.

>> GÉOTHERMIE : chaleur du sous-sol de la Terre utilisée pour faire de l'énergie.

>> LAPILLI : signifiant « petites pierres » en italien, les lapilli caractérisent les granules de roche de quelques millimètres à 10 cm (plus gros que les cendres et plus petit que les bombes) projetées parfois à de longues distances par les volcans en éruption.

>> LAVE : liquide volcanique issu du magma, dégazé ou fragmenté, émis lors des éruptions.

>> LITHOSPHÈRE : enveloppe externe du globe terrestre comprenant la croûte et la partie supérieure du manteau. Elle est fragmentée en grandes plaques mobiles qui interagissent sous l'effet des mouvements tectoniques.

>> MAGMA : nom donné à la lave lorsque le liquide volcanique est encore situé à l'intérieur de la Terre. Il est composé de lave et de gaz produit par la fusion des roches du manteau de la Terre ou de sa croûte.

>> MANTEAU TERRESTRE : partie interne du globe située entre la croûte et le noyau, entre 2 900 km et 5 100 km de profondeur.

>> NUÉE ARDENTE : avalanche de blocs et nuage de cendres brûlantes (200 à 500 °C) dévalant à très grande vitesse (entre 50 et 600 km/h) les pentes du volcan en détruisant tout au passage.

>> PANACHE : nuage de gaz et de cendres qui s'élève dans les airs depuis le sommet du cratère du volcan.

>> PANGÉE : continent unique qui existait il y a environ 250 millions d'années avant la dérive des continents.

>> RIFT : fossé tectonique issu d'un écartement d'origine continental ou océanique où siègent de nombreuses éruptions volcaniques. Le plus connu est le Grand Rift, situé à l'est de l'Afrique.

>> SÉISME : tremblement de terre caractérisé par l'ensemble des secousses se produisant dans une région de la croûte terrestre.

>> SUBDUCTION : phénomène qui caractérise le fait qu'une plaque océanique s'enfonce sous une plaque continentale, formant des cordillères ou des arcs insulaires.

>> TEPHRA : ensemble des matériaux solides (bombes, lapilli) projetés par les volcans à l'exception des laves.

>> TSUNAMI : raz de marée provoqué par une éruption volcanique insulaire ou côtière. Ce séisme sous-marin provoque des vagues déferlantes pouvant atteindre plusieurs mètres de hauteur.

>> VOLCANOLOGUE : scientifique qui étudie et tente de comprendre le fonctionnement des volcans.

CRÉDITS PHOTOS

>> P.2-3 : © Wayne Levin/ Taxi/ Gettyimages
>> P.4 : © George Bosio/Ushuaia Nature/Yagan
>> P.5 : © Kuritakaku/ Gamma
>> P.6-7 : © Art Wolfe/ Stone/ Gettyimages
>> P.8 : © José F. Poblete/ Corbis
>> P.9 : © Cordier Silvain/ Jacana/HPP
>> P.10 : © George Bosio/Ushuaia Nature/Yagan
>> P.11 h : © Jon Arnold/JAI/Corbis
>> P.12 : © Bill Hemsolin/ Getty/ Photographer's choice
>> P.14 : © Douglas Peebles/ Corbis
>> P.15 h : © Bios/ Smithk/ OSF
>> P.15 d : © George Bosio/Ushuaia Nature/Yagan
>> P.16 g : © G/ Brad Lewis/ Getty
>> P.16 d : © Steve Kaufman/ Stills pictures
>> P.17 : © Jef Maion/ Nomad's Land
>> P.18 hg : © George Bosio/Ushuaia Nature/Yagan
>> P.18 bg : © George Bosio/Ushuaia Nature/Yagan
>> P.18 d : © Nancy Lorraine/ Krafft/ Hoaqui/ HPP
>> P.19 h : © Patrick Aventurier/ Gamma
>> P. 19 b : © Jef Maion/ Nomad's Land
>> P.20 h : © Patrick Field/ Eye Ubiquitous. Corbis
>> P.20 b : © George Bosio/Ushuaia Nature/Yagan
>> P.21 h : © Getty images/ AFP/ Dimas Adrian
>> P. 21 bg : © CRI Nancy Lorraine/ Krafft/ Hoaqui
>> P.21 bd : © D.R
>> P.22 : © AFP/ Arlan Naeg
>> P.23 h : © AFP/ Nosource/ arthus Pengelly
>> P.23 b : © Alberto Nardi/ Fotonatura.com
>> P.23 b : © Bourseiller Philippe / Hoaqui
>> P. 24 : © CRI Nancy Lorraine/ Krafft/ Hoaqui
>> P.25 h : © CRI Nancy Lorraine/ Krafft/ Hoaqui
>> P.25 m : © CRI Nancy Lorraine/Krafft/Hoaqui
>> P.25 bg : © CRI Nancy Lorraine/ Krafft/ Hoaqui
>> P.25 bd : © Corbis
>> P.26 : © AFP/ Dominique Chamereau Lamotte
>> P.27 h : © Jiji PRESS/ AFP
>> P.27 b : © Corbis
>> P. 28 : © Jacques Langevin/ Corbis/ Sygma
>> P.29 h : © Thierry Orban/ Corbis/ Sygma
>> P.29 b : © Buddy Mays/ Corbis
>> P.30 h : © Danny Lehman/ Corbis
>> P.30 b : © Mattes. R/ Explorer/ Hoaqui
>> P.31 h : © Valentin Emmanuel/ Hoaqui
>> P.31 m : © Huberet Stadler/ Corbis
>> P.31 b : © Richard Cummins/ Corbis
>> P.32 h : © Ryan Fox/ AGE Fotostock/ Hoaqui
>> P.32 b : © Paul Almasy/ Corbis
>> P.33 h : © Gain Hellier/ JAI/ Corbis
>> P.33 m : © Cordier Sylvain/ Jacana/HPP
>> P.33 b : © The Bridgeman Art Library
>> P.34 g : © Yann Arthus Bertrand/ Altitude
>> P.34 d : © AFP/ STR
>> P.35 : © David Muench/ Corbis
>> P.36 g : © Rea/ Riccard Venturi/ Contrasto
>> P.36 hd : © James L. Amos/Corbis
>> P.36 md : © Bios/ Groult jean- Michel
>> P.36 bd : © Rea Valérie Macon
>> P.37 : © Pete Oxford/NPL/ Jacana
>> P.38 g : © Cintract Romain/ Hemisphère
>> P.38 d : © Bridgeman Art Library
>> P.39 g : © Hervé Champollion/ Top/ HPP
>> P.39 m : © Bo Zaunders/ Corbis
>> P.39 d : © Grandadam Sylvain/ Hoaqui
>> P.40 g : © Gail Mooney/ Corbis
>> P.40 b : ©
>> P.41 h : © Bridgeman Art Library
>> P.41 b : © Gail Mooney/ Corbis
>> P.42 gh : © Richard A. Cooke/ Corbis
>> P.42 b : ©
>> P.43 : © AKG images
>> P.44 g : © Roger Ressmeyer/ Corbis
>> P.46 g : © Roger Ressmeyer/ Corbis
>> P.46 hd : © RR/ Corbis
>> P.46 bd : © Eurelios/ Hubert Raguet
>> P.47 h : © AFP/ Carlos Cazalis
>> P.47 b : © Fabrizio Villa/ Contrasto REA
>> P.48 g : © Bill Hemsolin/ Getty/ Photographer's choice
>> P.48 : © CRI/ Nancy Lorraine/ Krafft/ Hoaqui
>> P.49 hg : © Roger-Viollet
>> P.49 hd : © CRI/ Nancy Lorraine/ Krafft/ Hoaqui
>> P.49 b : © Pimentel Jean/ Corbis/ Kipa
>> P.50 g : © Stapleton collection/ Corbis
>> P.50 m : © Altitude/ Guido Alberto Rosi
>> P.50 d : © Pierre Gleizes/ REA
>> P.51 : © Jonathan Blair/ Corbis
>> P. 52 g : © Yoshikatsu Tsuno/ AFP
>> P.52 d : © Getty images/ AFP
>> P.53 : © Yoshikatsu Tsuno/ AFP
>> P.54 g : © AFP/ Tarko Sudiarno
>> P.54 : © AFP/ Olivier Laban- Mattei
>> P.55 h : © Corbis/ Brian A. Vikander
>> P.55 b : © AFP/ Eddy Nedeljoic
>> P.56g : © Alberto Garcia/ Corbis
>> P.56 m : © AFP/ Jesus Dagmag
>> P.56 d : © Philippe Bourseiller/ Hoaqui/HPP
>> P.57 : © AFP/ Villegas
>> P.58 : © Phone/ Grenet M/ Soumillard A
>> P.59 : © Bobkrist/ Corbis
>> P.60 : © SPL/ NOAA/ Cosmos
>> P.61 h : © Yann Arthus Bertrand/ Corbis
>> P.61 b : © D.R
>> P.62 : © D.R
>> P.64 : © George Bosio/Ushuaia Nature/Yagan

ISBN : 9782352190271 - Dépôt légal Mars 2007
Loi N°49-956 du 16 juillet 1949 sur les publications pour la jeunesse.
© 2007, Convergences, un département de Place des Éditeurs
© 2007, TF1 Entreprises
Imprimé en France par Mame